Zur Autorin:

Ballast abwerfen. Zu neuen Ufern aufbrechen. Zeit haben. Reisen.

Die Autorin und ihr Ehemann wagten es und tauschten ihren festen Wohnsitz gegen ein Nomadenleben. Sechs Jahre lang waren sie mit ihrem Reisemobil in Europa und Nordafrika unterwegs. Die Straße war ihr Zuhause. Heute leben sie in Idstein im Taunus, sind aber immer noch die meiste Zeit unterwegs.

Man merkt es den stimmungsvollen Berichten an, dass Patricia Bastian-Geib das Reisen liebt und sich Neugier und Offenheit bewahrt hat. Schon immer wollte sie wissen, wie es "woanders" ist. Ihre Reiseeindrücke verarbeitet die Autorin in Erzählungen und in Multivisionsschauen, die sie gemeinsam mit ihrem Ehemann gestaltet und präsentiert.

Mehr über ihren Ausstieg auf Zeit und ihre Reisen erfahren Sie unter **www.zweiaufachse.de**

Dort gibt es auch weitere Leseproben.

Patricia Bastian-Geib

Wie Gott in Polen

Reiseerzählungen

Die ersten 180 Tage eines Ausstiegs auf Zeit

Nachdruck oder Vervielfältigung nur mit Genehmigung des Autors gestattet. Die Verwendung oder Verbreitung durch nicht autorisierte Dritte in allen anderen Medien ist untersagt. Die jeweiligen Textrechte verbleiben beim publizierenden Autoren.

Impressum

Patricia Bastian-Geib
Wie Gott in Polen, Reiseerzählungen

pit.pat@t-online.de

Herstellung und Verlag:
BoD – Books on Demand, Norderstedt
ISBN 978-3-7347-6687-9

Prolog

„Mit dir gehe ich bis ans Ende der Welt," flüstert Peter mir ins Ohr. Eng umschlungen liegen wir nach einem späten Mittagessen in unserem Hotelbett. Es ist unser erster gemeinsamer Urlaub. Kurzfristig gebucht, egal wohin. Frisch verliebt eben. Durch das offene Fenster wärmen Sonnenstrahlen unsere Körper. „Das hast Du schön gesagt." Sanft streichle ich seinen Nacken und lächle ihn an. Dann kneife ich ihn ins Ohr. "Obwohl es genau genommen ja ein blöder Spruch ist." Ich rutsche ein wenig von ihm weg. „Wo ist denn das Ende der Welt? Letztendlich doch genau der Punkt, wo man losgelaufen ist!" „Ach, du weißt doch, wie ich das meine." Mit einer zärtlichen Geste streicht er mir eine Haarsträhne aus dem Gesicht. „Mit dir kann ich mir alles vorstellen, würde ich alles wagen. So ein Gefühl hatte ich eigentlich noch nie." „Was ist denn mit dir los? Du sagst ja heute lauter schöne Sachen!" Ich gebe ihm einen Kuss auf die Nase. „Dann lass uns fürs Erste mal ein Bad im Pool wagen", grinse ich ihn an und stehe mit einem Sprung auf. Im Innern stark berührt, verberge ich burschikos meine Gefühle. Noch kenne ich ihn zu wenig, um sie ihm offen zeigen zu können.

Wir reden viel in diesem ersten gemeinsamen Urlaub. Über die Vergangenheit, über unsere Sehnsüchte. Noch nicht über die Zukunft. Beide träumten wir früh von fremden Ländern, lange bevor Reisen allgemein „schick" wurde. Jeder für sich, in der Zeit vor dem „wir". Nun scheint das Pendant gefunden, die Träume kompatibel. „Mit dir gehe ich bis ans Ende der Welt." Welch ein Vertrauensbeweis von einem Mann, der nach seiner Scheidung schwor, sich nie mehr fest zu binden. So wird Reisen von Anfang an ein wichtiger gemeinsamer Nenner, der uns und unsere Beziehung wach hält. Jugendträume werden wahr. Zwar abgespeckt, der Realität und Lebenserfahrung angepasst, aber immerhin.

Heinz Helfgen hieß Peters Idol. Seine Reiseberichte „Ich radle um die Welt" ließen den kleinen Jungen von der großen, weiten Welt träumen. Berufsausbildung, Bundesmarine, Ehe, Kinder, Karriere, Trennung. Die Realität ließ die Träume verblassen. Nach der Scheidung erst mal orientierungslos, das Leben neu beginnen.

Ich musste mir das Träumen regelrecht erkämpfen. Häusliche Szenen steigen vor meinem inneren Auge auf. Sogar der alte Trotz wird wieder spürbar. „Hast Du keine Arbeit?" Kopfschüttelnd steht meine Mutter neben mir. Schon seit Stunden liege ich auf meinem Bett und schmökere. „Die Schuhe müssen noch geputzt werden." Streng weist sie mit dem Daumen in Richtung Keller. Praktische Tätigkeiten hatten in unserer Familie stets einen höheren Stellenwert als Geistige. Ich bin der Exot, das schwarze Schaf. Zu lesen und zu lernen macht mir Vergnügen. Und über Gott und die Welt nachzudenken. Dass ich dabei zu ganz anderen Ergebnissen komme als der Rest der

Familie, führt zwangsläufig zu Reibereien. Diesmal aber versuche ich zu beschwichtigen: „Oooch, es ist doch im Moment so spannend!" Ich verschlinge gerade „Kalifornische Symphonie" und verfolge den spannenden Treck der Heldin Garnet im Schulatlas, der aufgeschlagen neben mir liegt. Letzte Woche litt ich noch mit Scarlet O´Hara und die Woche davor mit chinesischen Reisbauern. Die dortige Heuschreckenplage hatte mich so aufgewühlt, dass ich die halbe Nacht wachlag. Bei den steifen Buddenbrooks fühlte ich mich weniger heimisch und die enge, ausweglose Situation der Anna Karenina machte mich traurig. Eintauchen in andere Leben, Zeiten, Landschaften und Kulturen. Staunen. Schon früh mit dem Virus Fernweh infiziert.

Noch heute verklären wir romantisch unseren ersten gemeinsamen Urlaub in diesem komfortablen Hotel in Österreich. Frisch verliebt wie wir waren, spielte die Unterkunft keine große Rolle. Trotzdem war uns schnell klar: Ein Hotelurlaub ist nichts für uns! „Statisch, isoliert, eingesperrt! Zur Konformität gezwungen! Zu wenig Freiheit und Flexibilität!" lautete unser hartes Urteil. „Was hältst du davon, nächstes mal ein Wohnmobil zu mieten?" „Warum nicht? Versuchen wir`s mal!" Dass diese Art des Reisens uns nicht mehr loslassen würde, ahnten wir damals nicht.

Nasszelle und Sternenhimmel

Welch eine Enttäuschung! Niemals hätten wir gedacht, dass ein Reisemobil so gewöhnungsbedürftig ist. „So eng habe ich es mir nicht vorgestellt." Unglücklich schaue ich Peter an. „Auf dieser winzigen Arbeitsfläche soll ich kochen?" „Vielleicht hätten wir doch wieder einen Hotelurlaub machen sollen. Wenn ich an das schöne große Appartement denke!" In der ersten Nacht machen wir kein Auge zu. Die zum Bett umgebaute Sitzgruppe ist viel zu schmal für uns. Alle Knochen tun uns am nächsten Morgen weh. Ständig sind wir uns im Weg, treten uns gegenseitig auf die Füße. So viel Nähe nicht gewöhnt, gehen wir uns schon nach ein paar Tagen auf die Nerven. Nach dem Duschen steht die Nasszelle unter Dampf und Wasser. Nähere Details zur Entleerung der Toilettenkassette will ich gar nicht wissen, es genügt sie zu riechen. Und erst der Spaß beim Kochen und Essen in freier Natur! Eine Herausforderung! Sturmartige Böen blasen immer wieder die Gasflamme aus und verlängern die Kochzeit von Kartoffeln erheblich. Tischtuchzipfel flattern zuerst in die Tomatensauce und dann in Richtung T-Shirt. Wespen, Mücken, bettelnde Hunde und eine Katze, die, einen Moment ohne Beobachtung, auf unseren Frühstückstisch springt und sich die Wurst schmecken lässt. Abends sitzen wir auf unseren zu niedrigen Campingstühlen, trotz Fleecejacke immer noch zähneklappernd.

Und dann, quasi über Nacht, machen uns Enge und fehlender Komfort nichts mehr aus. Im gleichen Moment hören wir mit dem Streiten auf. Plötzlich können wir das Leben im Freien genießen und finden Spaß am Improvisieren. Auch nach Urlaubsende sind wir noch so begeistert von dieser Art des Reisens, dass wir eine Lebensversicherung abschließen, um für ein eigenes Fahrzeug zu sparen.

Sieben Jahre in Folge mieten wir uns Wohnmobile und reisen durch Italien, Spanien, Frankreich, Kanada und die Schweiz. Meistens auf der Suche nach optimalen Fluggebieten, denn Peter hat seine Leidenschaft fürs Drachenfliegen entdeckt. Kleinere und auch größere Katastrophen meistern wir nun schon routiniert: Festfahren im Schlamm, Schräglage an der Böschung, defekte Wasserpumpe, nicht schließende Kühlschranktür, undichte Fenster und eine nicht funktionierende Heizung bei 0 Grad. Intensive Erlebnisse lassen alle Widrigkeiten vergessen. Oft übernachten wir in völliger Einsamkeit auf einem Berg. Es gibt auf dem Campingkocher gebratene Kartoffelpuffer, Rotwein, und einen unglaublichen Sternenhimmel. Fledermäuse huschen über uns hinweg. Morgens taucht die aufgehende Sonne alles in rosafarbenes Licht. Beim Bad im eiskalten Gebirgsbach zieht sich die Kopfhaut erschrocken zusammen, aber wir jauchzen vor Vergnügen. Städte erleben wir hautnah. Verbringen die Nacht auf einem zentralen, bewachten Parkplatz, frühstücken in einer Bar, schlendern am Abend über die Piazza.

Ganz fabelhaft ergänzen sich reisen und fotografieren. Schon seit seiner Zeit bei der Marine widmet sich Peter diesem Hobby. Alben voller Fotos von Schiffen und Matrosen, von Meer und Sonnenuntergängen zeugen davon. Schwarzweiß, kühl, distanziert. Irgendwann greift der Virus auf mich über. Den Blick geschärft für außergewöhnliches Licht, interessante Details oder harmonische Landschaften, empfinde ich Fotografieren als eine Intensivierung der Reiseeindrücke. Zu Hause am Sortiertisch erleben wir die Reise ein zweites Mal. „Schau, da hast Du gerade ein Baguette gekauft. Das haben wir dann am Strand mit Käse und Salami verspeist." Unsere Bilder verarbeiten wir seit einigen Jahren in Multimedia-Präsentationen. Sehr arbeits- und oft auch streitintensiv, aber es macht Spaß.

Lange hält unsere Camper-Begeisterung an. Dann machen wir diese unsägliche Reise durch Frankreich. Schlechtes Wetter treibt uns immer weiter. In 18 Tagen mehr als viertausend Kilometer kreuz und quer durch das Land. Abwechselnd stehen wir im Stau oder verfahren uns hoffnungslos. Proportional zur sinkenden Stimmung nimmt unsere Streitfrequenz zu. Am Ende der Reise schwören wir uns: „Nie wieder Reisemobil!" Lass uns mal ganz aufs Auto verzichten und eine Fahrradtour machen", schlage ich vor. So radeln wir die nächsten Jahre entlang der Donau oder durch die Bretagne. Irgendwann entdecken wir unsere Liebe für Südafrika. Immer wieder zieht es uns dorthin. Sobald wir das Geld für die Reise zusammengespart haben, wird gebucht. Als nächstes Ziel sind Namibia und Botswana in konkreter Planung. Aber es soll anders kommen.

Ein Reisemobil, wie für uns gebaut

„Pat, schau dir das mal an. Da wird ein Reisemobil angeboten, das genau unseren Wünschen entspricht. Als wäre es für uns gebaut." Peter hat in ebay gestöbert und „unser Reisemobil" entdeckt. Zögernd schaue ich mir das Angebot an. „Wer versteigert denn schon ein Reisemobil? Da ist doch etwas faul!" Nach der Beschreibung und den Bildern trifft es genau unsere Vorstellungen: Zwei feste Betten machen abendliches Umbauen überflüssig. Toilette und Dusche sind voneinander getrennt. Große Dachluken sorgen für viel frische Luft und einen freien Blick in den Sternenhimmel. Genügend Stauraum, der große Küchenblock, die gemütliche Sitzgruppe, der große Spiegel und - der Clou - die eingebaute Waschmaschine überzeugen mich. Peter dagegen ist von den technischen Details begeistert: robustes MAN Busfahrgestell, 11,7 to zulässiges Gesamtgewicht, voll luftgefedert, Sieben-Liter-Motor mit 198 PS, Dieseltank mit 300 Liter Fassungsvermögen, Stromgenerator, riesige Frisch- und Abwassertanks, einen großen Motorroller in der Heckgarage, vollautomatische Satellitenantenne und noch einiges mehr. „Man müsste es sich mal anschauen." Aber die Versteigerungsfrist läuft schon am nächsten Tag ab. „Bisher hat niemand geboten, wahrscheinlich tut sich da auch nichts. Ich schreibe auf jeden Fall mal eine E-Mail, dass wir uns das Fahrzeug gern ansehen wollen."

Bedauern am nächsten Tag: Das Reisemobil ist zu einem überraschend hohen Preis ersteigert worden. Ich hake die Angelegenheit sofort ab. Das gehört zu meinen Lebensprinzipien. Aufgewachsen in einer Familie, in der sich das völlig irrationale Einschätzen verpasster Chancen im häufigen Gebrauch der Wörter „hätte" und „könnte" ausdrückte, hatte ich mir schon früh geschworen: „Das machst du niemals!" Als ich drei Tage später von der Arbeit nach Hause komme, empfängt mich Peter schon an der Haustür und strahlt: „Das Reisemobil ist doch noch zu haben. Da hat sich ein Spaßbieter einen Scherz erlaubt! Nach diesem Ärger will der Verkäufer jetzt nur noch direkt verkaufen. Am Wochenende haben wir einen Termin!" Ich fühle mich überrumpelt und will gereizt einwenden, wir sollten uns doch vorher darüber klar werden, ob wir uns jetzt schon mit einem Reisemobil binden wollen. Da erinnere ich mich an die Sache mit dem Kanu. Das Markenprodukt wurde vor Jahren zu einem außerordentlich günstigen Preis angeboten. Damals konnte ich Peter überzeugen: „Das billigste Kanu ist zu teuer, wenn es dann nur in der Garage steht." Noch heute spricht Peter bedauernd von diesem entgangenen Schnäppchen und ergänzt stets mit vorwurfsvollem Blick in meine Richtung: „Wir hätten damals zugreifen sollen." Um ähnliche Reaktionen zu vermeiden, stimme ich also der Besichtigung des Reisemobils zu. „Aus dem Kauf wird sowieso nichts. Da muss es einen Haken geben", sage ich am Abend zu meiner Freundin am Telefon.

Die Verkäufer heißen Herbert und Evelyn. Nach zwei

schweren Herzinfarkten hat sich der liebenswerte, sympathische Mann zum Verkauf „seines Babys" durchgerungen. Aufgeregt empfängt er uns und zeigt uns mit Begeisterung alle Details seines Traummobils. Es wurde exakt nach seinen Vorstellungen und Plänen gebaut. Immer wieder versagt ihm die Stimme. Wir spüren sein inneres Ringen, und es lässt uns nicht kalt. Geschichten aus seinem Leben und von seinen Reisen zwischen amüsanten Details: „Den Roller hatte ich zuerst. Das Wohnmobil wurde quasi um den Roller herum gebaut." Herbert lacht. Aber es ist ein trauriges Lachen. Er wollte noch so viele Reisen machen. Ein Energiebündel, wie seine Biographie erahnen lässt. Aufgewachsen im Schwarzwald, von Beruf Metzger, als Geselle in Köln hängen geblieben, Heirat, keine Kinder. Selbständigkeit. Mit Fleiß, Qualitätsprodukten und unternehmerischem Geschick bauen er und seine Frau einen Filialbetrieb auf. Schuften, gönnen sich nichts. Arbeit, immer nur Arbeit. Nach dem Tod seiner Frau, beschließt er, sein verdientes Geld auszugeben. Irgendwann lässt er dann das Reisemobil bauen. Mit glänzenden Augen erzählt er von seiner Reise zum Nordkap. Dann noch mal ein spätes Liebesglück. Mit seiner zweiten Frau will er ganz Europa und Nordafrika bereisen. Kurz vor der Abreise nach Marokko der erste Herzinfarkt. Kurz darauf der zweite. Und nun stehen wir hier und verhandeln über den Kauf seines Lebenstraumes. Natürlich hat Herbert es geschafft, uns zu begeistern. Allerdings gibt es einen Wermutstropfen: Das Fahrzeug erfordert einen LKW-Führerschein, und den haben weder Peter noch ich. Wir signalisieren trotzdem starkes Interesse und bitten um ein paar Tage Bedenkzeit.

Auf der Fahrt nach Hause hängen wir unseren Gedanken nach. Ich denke an Herbert und daran, wie ungerecht das Schicksal ist. Sehe das Reisemobil mit all seinen Vorzügen vor mir. Mögliche Reiseziele tauchen vor meinem inneren Auge auf. Dazwischen funkt der Verstand. Stellt Finanzierungsberechnungen an, wägt Für und Wider ab, streut Skepsis. „Traust Du Dir zu, mit 57 Jahren noch den LKW-Führerschein zu machen?" breche ich das Schweigen. Peter, wie immer zuversichtlich und ohne blockierende Selbstzweifel: „Aber ja doch, da sehe ich kein Problem. Bekommst Du denn die Finanzierung hin? Unsere Lebensversicherung wird doch erst nächstes Jahr fällig." Ebenso zuversichtlich antworte ich: „ Naja, das müsste schon gehen. Ich rede morgen mal mit der Bank wegen einer Zwischenfinanzierung." Damit ist die Entscheidung getroffen. Kein weiteres Diskutieren, Zweifeln, Beratschlagen. Im Rückblick wundere ich mich noch heute darüber, brauche ich doch gewöhnlich länger, um Fakten zu sammeln und Vor- und Nachteile abzuwägen. Ob Herberts Schicksal und der Tod meiner Freundin eine Rolle spielte? Schlaganfall mit 44 Jahren! Dreißig Jahre lang kannte ich sie und dann, von einem Tag auf den nächsten, gibt es sie nicht mehr. Das Bild von ihr bleibt in mir künftig statisch, wird nie mehr mit der wirklichen Person konfrontiert. Mit Silvia starben auch ihre Erinnerungen an mich, also bin ich ebenso ein wenig gestorben. Vergänglichkeit wird spürbar, schmerzt. Wie viel Zeit bleibt noch? Ein eigenes Reisemobil war immer unser Wunsch! Besser jetzt als später.

Sehr unterschiedliche Reaktionen bei unseren Freunden, denen wir mit leuchtenden Augen von dem Reisemobil erzählen. „Habt Ihr im Lotto gewonnen?" „Das rechnet sich doch nicht!" „Nein, für mich wäre das nichts!" „Und wenn Du den Führerschein nicht schaffst?" Nur unsere Freunde vom Rhein lassen sich von unserer Begeisterung anstecken und raten spontan zum Kauf. Sie finden die Idee so gut, dass sie sogar anbieten, uns das Geld bis zur Fälligkeit der Lebensversicherung vorzustrecken. Wir sind von so viel Großzügigkeit und Vertrauen überwältigt. Trotzdem möchten wir das Angebot nicht annehmen, sondern freundschaftliche Hilfsbereitschaft wirklich nur in Notfällen in Anspruch nehmen.

Drei Tage später liegt die Finanzierungszusage der Bank auf dem Tisch, Peter hat sich bereits in der Fahrschule angemeldet und ein Übernahmetermin ist mit Herbert und Evelyn vereinbart. Peters Schwager, ein erfahrener Trucker, wird zur kritischen Begutachtung und Überführung des Fahrzeugs verpflichtet. Aufgeregt und mit einem LZB-Scheck in der Tasche, geht es Richtung Süddeutschland, wo „unser" Reisemobil auf uns wartet. Wieder herzlicher Empfang. Sogar die beiden Hunde scheinen uns ins Herz geschlossen zu haben, schnüffeln und springen schwanzwedelnd an uns hoch. Sogleich werden alle

Fahrzeugdetails von den Männern kritisch untersucht. Gudrun ist wie ich von der Innenausstattung begeistert. Schnell ist das Formelle und Pekuniäre erledigt und wir können den Abschluss bei einer zünftigen Brotzeit feiern. Herbert spendiert seinen leckeren, selbstgemachten Schinken. Zu spät für die Heimreise, übernachten Gudrun und Peter im Gästezimmer und wir im Reisemobil. Die erste Nacht im eigenen Fahrzeug! Lange können wir nicht einschlafen, so aufgewühlt und glücklich sind wir. Peter reicht mir seine Hand und meint: „Weißt Du, dass wir sehr viel Glück im Leben haben? Vor allem, weil wir das alles gemeinsam erleben dürfen."

Der Abschied am nächsten Morgen fällt schwer. Wir versichern, von unseren Reisen regelmäßig zu berichten. „Zieh noch mal das Signalhorn", bittet Herbert mit Tränen in den Augen. Laut tönt also die Fanfare als wir vom Hof fahren und der liebenswerte Mann schaut und winkt uns lange nach. Immer wieder wischt seine Hand über die Augen. „Da fuhr nicht nur das Reisemobil vom Hof", resümiert später der sonst so raubeinige Schwager, „da fuhren auch ein Lebenstraum und die Gesundheit davon."

Zweihundert Kilometer später scheint auch unser Traum jäh beendet. Bedrohliche Geräusche vom Motor werden immer lauter. Schließlich entscheidet Peter: „Wir benachrichtigen eine Werkstatt. Da stimmt etwas nicht!" So stehen wir, je nach Temperament wütend oder verstört, bei sommerlicher Hitze auf einem Autobahnparkplatz und warten auf den Monteur. Als dieser uns nach zwei Stunden endlich gefunden hat, sind wir erst einmal erleichtert. Aber nicht lange. Da ihm eine eindeutige Diagnose schwer fällt, bittet er seinen Chef telefonisch um Hilfe. Dazu hält er das Handy an den Motor, um das seltsame Motorengeräusch zu übermitteln. „Sofort den Motor ausschalten!", meint der Meister besorgt. Uns fällt das Herz in die Hose. Wir schimpfen nicht, wir fluchen nicht. Ganz still sind wir geworden. Ein riesiger Truck kommt und schleppt unseren Traum vom Reisen ab. Als Herbert von dem Schaden erfährt, versichert er spontan: „Damit lasse ich Euch nicht allein!" Und er hat Wort gehalten. Von den nicht unerheblichen Reparaturkosten übernimmt er die Hälfte. Kleine Ursache, großer Ausbauaufwand: Das Antriebsritzel für den Luftpresser ist defekt. So endet die euphorisch begonnene Jungfernfahrt in der Werkstatt. Gut, dass wir nicht abergläubig sind.

Obwohl Peter den Führerschein innerhalb kurzer Zeit mit Bravour besteht, können wir unser Reisemobil noch wenig nutzen. Mein Arbeitgeber löst die Niederlassung Frankfurt auf und ich bin auf Stellensuche. Trotz meines Alters von 45 Jahren, finde ich wieder einen sehr interessanten Arbeitsplatz. Jetzt heißt es, sich reinzuknien, an Urlaub ist da nicht zu denken. Peter nutzt die Zeit, um das Reisemobil zu optimieren. Da werden zusätzliche Aufbaubatterien angeschafft, die Reifen erneuert, der Kühlschrank ausgetauscht, stärkere Abwasser- und Wasserpumpen installiert, das Abwasserleitungssystems modifiziert und eine Vakuumtoilette eingebaut. Glücklicherweise haben wir eine geräumige LKW-Garage zu einem erschwinglichen Preis gefunden, so dass Peter die Arbeiten in aller Ruhe angehen kann. Dann endlich die erste Testfahrt ins Münsterland. Alles klappt wunderbar und wir fühlen uns sehr wohl in unserem Reisemobil. Auch eine spätere Reise nach Sizilien, die vor allem Peter als Fahrer herausfordert, verläuft pannenfrei und macht Lust auf mehr.

Es muss sich etwas ändern

Wieder mal liege ich mit einer Grippe flach. Erst vor vier Wochen hatte ich Magenkrämpfe. Dazu kommen permanente Rückenschmerzen und häufig Migräneattacken. Der Arzt meint, es läge am Stress. Er hat recht, ich kann überhaupt nicht mehr abschalten. Arbeitsbelastung und Druck in meinem Job sind derart gewachsen, dass ich auch freie Zeit nicht mehr richtig genießen kann. Vor allem das Verhalten von Mitarbeitern und Vorgesetzten macht mir zu schaffen. Es muss sich etwas ändern! Ich denke an einen Stellenwechsel. Vielversprechende Angebote lösen sich jedoch in Nichts auf. Peter sorgt sich um mich. In der Nacht liege ich wach, arbeite im Kopf Erledigungslisten ab oder entwickle Argumentationsketten. Heulkrampf am Morgen: „Ich schaffe das alles nicht mehr! Ich arbeite gern viel und bin robust gegenüber Stress, aber bei so einem schlechten Betriebsklima hält man das einfach nicht durch." „Du darfst Dir das nicht so zu Herzen nehmen. Du musst genauso kaltschnäuzig reagieren." „Das kann ich nicht! Und ich will auch nicht so werden! Meine ganze Lebensphilosophie kommt ja durcheinander. 28 Jahre hat sich Leistung gelohnt. Und jetzt soll ich nur noch Anerkennung finden, indem ich taktiere und gegen meine Überzeugungen handle?" Nach langen Gesprächen treffen wir die Entscheidung, die Krise als Chance zu verstehen und den Eintritt Peters in die passive Zeit der Altersteilzeit für einen Neuanfang zu nutzen.

Ganz nüchtern überlegen wir: Was wollen wir? Was können wir? Was können wir uns leisten? Und kommen zu dem Schluss:

- Wir wollen gemeinsam arbeiten und dabei bisher zu kurz gekommene kreative Tätigkeiten intensivieren.
- Wir wollen reisen.
- Haus und Garten, Besitz und Status sind uns momentan nicht so wichtig.
- Eine Realisierung ist ohne finanzielle Einsparungen nicht möglich. Das heißt, wir müssen den Hauptkostenfaktor, unser Haus, vermieten.

Nachdem wir diese grundsätzlichen Rahmenbedingungen erkannt haben, sind wir wie befreit. Erforderliche Schritte sind schnell eruiert und initiiert. Lange Bearbeitungslisten entstehen, die systematisch abgearbeitet werden.

Unkenrufe von allen Seiten: „Euer schönes Haus! Die Mieter werden es total verwohnen oder die Miete nicht zahlen!" „Ihr werdet Euer Haus anschließend nicht mehr wiedererkennen!" „Was macht ihr, wenn am Haus etwas zu reparieren ist? So aus der Ferne ist das doch schwer zu regeln!" „Was ist, wenn einer von Euch krank wird?" „Bist Du denn in der Lage, Reparaturen am Reisemobil selbst durchzuführen? Da geht immer mal etwas kaputt!" „Ihr werdet euch wundern! So einfach ist das alles nicht!"

Nein, einfach ist es wirklich nicht. Aber was ist schon einfach? Es muss vieles bedacht und organisiert werden. Einige der Hinweise und Ratschläge greifen wir als Denkanstösse dankbar auf. Andere können wir nur mit Lust an Panikmache oder Missgunst interpretieren. Wir entwickeln Notfallszenarien und treffen die entsprechenden Vorsorgemaßnahmen. Am Ende sind wir uns aber einig: Alle Risiken können wir nicht ausschließen. Das ist im normalen Alltag auch nicht anders. Die Sicherheit, die wiederkehrende, tägliche Abläufe und das Altbekannte vermitteln, ist nur vorgegaukelt. Es gibt sie nicht. Wir bleiben unserer menschlichen Angst vor Vergänglichkeit ausgeliefert. Können ihr nicht entrinnen, weder im Festhalten noch im Flüchten.

Unser Haus gefällt jedem Interessenten sofort, aber so richtig passen will es anfänglich nicht. Dem einen ist der Garten zu groß, der andere braucht mehr Gästezimmer. Das junge Pärchen ist sympathisch und wirkt seriös, aber an seinen Fragen erkennen wir, dass es den Arbeiten, die mit Haus und Garten zusammenhängen, nicht gewachsen ist. Immer wieder beruhigt uns der Makler: „Ich finde einen guten Mieter für Sie!" Dann endlich scheint das ideale Paar gefunden: Sympathisch, nicht zu jung, mit Hauserfahrung und solvent. Wie sehr wir uns täuschen ließen, werden wir später erkennen müssen.

Wir planen, unseren Hausrat zu reduzieren und eine kleine Wohnung in einer kostengünstigen Region anzumieten. Denn so ganz ohne ein Zuhause, ohne eine

Rückzugsadresse, können wir uns das Leben nicht vorstellen. Die zur Zeit nicht benötigten Möbel sollen im dazugehörenden Keller gelagert werden. Dies gestaltet sich jedoch schwieriger als gedacht, weil kleine Wohnungen in der Regel auch nur über sehr kleine Keller verfügen. Einen Teil unserer Möbel müssten daher zusätzlich bei einer Spedition in einem Container eingelagert werden. Da bieten uns Verwandte für unsere Deutschlandaufenthalte und für Notfälle ihr Appartement an, eine Woche später eine liebe Freundin ihre leerstehende Wohnung. Andere Freunde wollen uns ihr Ferienhaus, das Gästezimmer oder die Ferienwohnung überlassen. Wir sind ganz gerührt über so viel Hilfsbereitschaft. Sie gibt uns die nötige Sicherheit, dass wir in einem Notfall nicht auf der Straße stünden. So beschließen wir, unsere Möbel einzulagern und uns auf wirklich Notwendiges zu beschränken.

Liegt es an unserem Alter oder an der getroffenen Entscheidung unser Leben zu verändern, dass wir alles auf den Prüfstand stellen? Kaum zu glauben, was wir im Laufe der Jahre an Hausrat angehäuft haben! Braucht der Mensch zum Glücklichsein wirklich eine Designer-Espressomaschine, die noch nicht mal guten Espresso macht? Die teure Teekanne, die nie benutzte Küchenmaschine, das elektrische Messer, der Brotbackautomat, Kostüme, Bücher, CDs und vieles mehr werden über ebay verkauft, verschenkt, gespendet oder entsorgt. Was übrig bleibt, ist immer noch genug, und wir sind wochenlang mit Packen beschäftigt. Akkurat werden die Möbel zerlegt und sorgfältig verpackt, damit sie auch eine längere Lagerdauer unbeschadet überstehen. Bei der Suche nach einer günstigen Spedition ist umfangreiche Recherche und Verhandlungsgeschick gefragt, denn die Preisangebote differieren enorm. Die Entscheidung, was wir im Reisemobil mitnehmen, ist nicht immer einfach. Wie viel Schuhe braucht die Frau? Nehmen wir auch die Langlaufski mit? Peter packt unverzichtbares Werkzeug zusammen, ich erstelle eine Apothekertasche, ein Nähkästchen und eine Bürokiste. Die wichtigsten Unterlagen werden kopiert und in Ordnern zusammengefasst, Originale landen im Banktresor. Peter bastelt für die Ordner einen Container, der in die Sitzbank passt. Was werden wir unterwegs für unsere Hobbys benötigen? Alles wird im voraus bedacht. Wir ersteigern einen kleinen Drucker, komplettieren unsere Fotoausrüstung. Handy-Verträge und E-Mail-Provider werden überprüft, zusätzliche Versicherungen abgeschlossen und wichtige Adressen zusammengestellt.

Beim Räumen fällt mir eine Tonbandkassette in die Hände, die mit „Pat Konfirmation" beschriftet ist. Neugierig höre ich sie mir an. Es ist die Rede meines Vaters, die er bei der Familienfeier, kurz vor dem Mittagessen, gehalten hat. Noch gut kann ich mich an mein Unbehagen erinnern, im Mittelpunkt zu stehen. Mit hochrotem Kopf wanderten meine Augen unsicher hin und her. Am einfachsten war es, den Blick auf Onkel Seppel zu richten, denn der hatte die Hände über seinem dicken Bauch gefaltet und war eingenickt. Meine Mutter wirkte genauso unglücklich, denn auch sie mochte solche Ansprachen nicht. Heute kann ich kaum begreifen, dass ich damals den Inhalt der Rede überhaupt nicht honoriert habe. Erst jetzt erkenne ich, wie sehr mich mein Vater geschätzt haben muss. Er beschreibt mich nämlich als eine Person mit der Fähigkeit zu logischem Denken und konsequentem Handeln. Als gradlinig, aber auch als idealistisch und zuweilen hitzig. Trotzdem haben ihm die leidenschaftlichen Diskussionen imponiert und er wünscht mir, dass ich so bleibe. Wie eine Stimme aus dem Jenseits kommen mir die Worte meines Vaters vor und Tränen laufen mir übers Gesicht. „Warum habe ich ihm nie gesagt, dass ich ihn liebe?" Plötzlich huscht ein Lächeln über mein Gesicht. „Idealistisch und hitzig bin ich immer noch. Er wäre also zufrieden mit mir."

Ein letzter Punkt ist noch zu klären: die Frage einer Postadresse. Wer genießt unser Vertrauen, ist in verwaltungstechnischen Dingen gut organisiert, kann noch ein wenig Zeit erübrigen und ist zudem meistens erreichbar? Da ist die Auswahl nicht groß. Die einen haben kleine Kinder und genug um die Ohren, die anderen kämpfen mit beruflichem Stress oder sind selbst oft im Ausland unterwegs. Nach langen Überlegungen fragen wir Peters Schwester Gudrun. Sie ist sofort dazu bereit. „Viel Arbeit wird das nicht machen," beruhigen wir sie. Davon sind wir fest überzeugt. Minutiös haben wir alles vorbereitet: Einzugsermächtigungen erteilt, Versicherungen informiert, Handwerker prophylaktisch über die Vermietung in Kenntnis gesetzt und den Mietern eine detaillierte Liste mit Tipps und Telefonnummern überreicht. Sogar frankierte Briefumschläge und Paketsets liegen bei Gudrun bereit, damit sie uns von Zeit zu Zeit die Post nachschicken kann.

Unsere Stimmung ist in diesen Tagen angespannt und gereizt. Das hatten wir uns anders vorgestellt. Erwartungsvoll und heiter sollte sie sein. Vorfreude und Aufbruch müssten doch unsere Lebensgeister kitzeln. Stattdessen geraten wir oft wegen Kleinigkeiten in Streit. Jeder von uns geht mit der Endgültigkeit unserer Entscheidung auf seine Weise um. Ich arbeite mit einer gewissen Sturheit zäh Punkt für Punkt unserer Erledigungsliste ab. Genau diese Haltung hat mich im Beruf oft an den Rand der totalen Erschöpfung gebracht. Kann man denn nie aus seiner Haut heraus? Peter dagegen bereiten getroffene Entscheidungen Unbehagen, legen sie einen doch fest und schließen damit all die anderen Möglichkeiten aus. Besser sachte in die neue Situation hineingleiten, als ihr entgegenstürzen. So tut Veränderung weniger weh und man kann, wenn nötig, ohne größere Blessuren wieder aussteigen. Zusätzlich belastet uns der Tod einer Nachbarin. Krebs. Sie war nicht viel älter als Peter. Traurig erinnern wir uns an gemeinsame Abende bei exzellentem Essen. Sie konnte fabelhaft kochen und herrlich Geschichten erzählen. Ihr Tod gibt unserem Aufbruch etwas Endgültiges.

Endlich ist alles geregelt. Renoviert und blitzblank geputzt, der Garten tiptop gepflegt, so übergeben wir unser Haus an die Mieter. Mögen sie sich darin genauso wohl fühlen wie wir es zwölf Jahre lang getan haben. Unser Abenteuer in die Freiheit kann beginnen! Bei einem Abschiedsessen mit guten Freunden wollen wir die Strapazen der vergangenen Wochen hinter uns lassen. Wir gönnen uns ein Menü in stilvollem Ambiente. Langsam lässt unsere Anspannung nach. Aufgekratzt lassen wir uns Wein und Essen schmecken. Da meldet mein Handy den Empfang einer SMS. Die Nachricht ist von meiner Schwester: Unsere Oma ist gestorben. So endet die ausgelassene Stimmung dieses Abends traurig und bedrückt. „Wenn das mal kein schlechtes Omen für unsere Reise ist!" meint Peter und spricht damit aus, was auch ich denke.

Ein paar Tage später erfahren wir von Gudrun, dass sie wieder operiert werden muss. Tapfer hat sie all die Jahre gegen den Krebs gekämpft. Nun spüren wir ihre Angst und Hoffnungslosigkeit. Beim Abschied reißen wir uns zusammen, versuchen Mut zu machen und können sie doch nur hilf- und sprachlos in die Arme nehmen. Nachdem wir vom Hof gefahren sind, lassen wir unseren Tränen freien Lauf.

Von Schlaglöchern und Parkplatzwächtern

"Hat man euch denn so viele Autos geklaut, dass ihr die jetzt wieder zurück holen wollt?" Als wir erzählen, dass unsere erste Reise nach Polen führen soll, hören wir vor allem negative Kommentare. Der eiserne Vorhang hat ganze Arbeit geleistet. Vorurteile und Unkenntnis sitzen in unserer Generation tief. Dabei war Polen Jahrhunderte lang ein ureuropäisches Land. Das erfahren wir nach umfangreicher Lektüre. Erstaunt und ein wenig beschämt sind wir, als uns bewusst wird, wie wenig wir vom Osten wissen. Kiloweise bestellen wir gebrauchte Bücher übers Internet. Romane klassischer und moderner polnischer Autoren, Lebensberichte Vertriebener, Bildbände und Reiseführer. Jetzt, da wir uns mit der Thematik befassen und darüber reden, erfahren wir, dass fast jeder unserer Freunde und Bekannten familiäre Wurzeln in Ostpreußen oder Schlesien hat. Wir werden oft gefragt, warum wir gerade Polen bereisen wollen. Anstoß gab eine bereits vor Jahren besuchte Foto-Show. Die Bilder von Masuren waren so schön, dass ich mir immer wieder verstohlen ein paar Tränen aus den Augen wischte. Nicht mehr lange wird Polen seine Ursprünglichkeit bewahren können. Seit 2004 ist das Land Mitglied in der EU. Wirtschaft und Tourismus entwickeln sich erstaunlich schnell. Das Verkehrsnetz wird ausgebaut und es ist zu erwarten, dass die schönen alten Alleen durch verkehrsfreundlichere Straßen ersetzt werden. Wir wollen Polen sehen, bevor sich alles verändert hat. Außerdem schwimmen wir gern ein wenig gegen den Strom. Noch ist Polen kein vielbesuchtes Reiseland. Gerade die Skepsis, der wir begegnen, bestärkt uns in unserer Entscheidung. Gegen den Uhrzeigersinn um das Land herum, das ist unser Plan. Und für die geplante Multivisionsschau haben wir auch schon einen Titel: „Polen – der unbekannte Nachbar."

So starten wir unsere Reise mit wunderschönen Bildern von idyllischen Seen, Pferdefuhrwerken und romantischen Bauernkaten im Kopf und werden, natürlich, ganz schnell von der Wirklichkeit eingeholt. Sofort nach Grenzübertritt: Straßenbauarbeiten und Stau. Nichts geht mehr. Über die Ausweichstrecke, eine Schlaglochpiste, donnern schwere Trucks, für deren Fahrer Mindestabstand, Überholverbot und Höchstgeschwindigkeit nicht zu gelten scheinen. Unsere Nerven liegen blank. So richtig ist die Last noch nicht von uns abgefallen. Von Freiheitsgefühl und Abenteuerlust keine Spur. Im Gegenteil, am Abend streiten wir über Nichtigkeiten. Wir müssen ruhiger werden!

Trotz guter Vorsätze will uns das auch am nächsten Tag nicht gelingen. Als erstes touristisches Ziel steuern wir Breslau an. Wir freuen uns auf die Altstadt, aufs Fotografieren und ein gepflegtes Bier am Abend. Aber dazu müsste man erst mal in die Stadt hineinkommen. Kein Schlagloch auslassend, kurven wir durch immer enger werdende Gassen. Doch überall ist die Durchfahrt nur für Fahrzeuge bis 3,5 t erlaubt.

Bereits zum dritten Mal passieren wir die Baustelle in der Nähe der Altstadt. Rums! Dieses Schlagloch kannten wir noch nicht. Unser Reisemobil setzt hinten auf. Durch die Erschütterung fliegt die schwere Schublade mit den Töpfen raus. „Verdammt!", schimpft Peter. Wankend gehe ich nach hinten, hänge die Schublade wieder ein und räume die Töpfe weg. Der Stil der Pfanne ist abgebrochen und der PVC-Boden hat einen Riss. Als ich auf den Beifahrersitz zurückkehre, hat Peter die Stadt bereits hinter sich gelassen. „Hier bleibe ich keine Minute länger," mault er. Wir müssen zur Ruhe kommen! Völlig ausgelaugt erreichen wir am frühen Abend die Teiche von Milicz. Aufatmen. Herrlich unberührte Natur streichelt unsere wunden Seelen. Nach einem kurzen Spaziergang geht es uns gleich viel besser und nach dem herzhaften Abendessen fast wieder richtig gut. In der Nacht träumt Peter, er sei mit dem Reisemobil in einen Graben gefahren. Zwei Tage erholen wir uns mit Radfahren und Faulenzen. In der Nähe decken wir uns in einem kleinen Laden mit Lebensmitteln ein. Auch später werden wir die Erfahrung machen, dass es in fast jedem Dorf mindestens ein Geschäft gibt, so dass die Grundversorgung wirklich kein Problem ist. Auch mit der Verständigung beim Einkauf klappt es überraschend gut. Viele Begriffe entsprechen den deutschen, werden nur anders geschrieben, z. B. Sznycel (Schnitzel), Gulasz, Szaszlyk, Rolmops oder Papryka. Andere klingen polnisch modifiziert, können aber mit etwas Phantasie identifiziert werden, wie z.B. Salatky, Frytki, Apteka, Poczta, Toaleta, Komputery, Alufelgi.

Ausgeruht und entspannt beschließen wir, es noch mal in Breslau zu versuchen. Dort präsentiert sich das schon vertraute Bild: Baustellen und Schlaglöcher. Diesmal sind wir jedoch vorbereitet und gelassen. Außerdem ignorieren wir frech die Tonnagebegrenzungen. So finden wir innerhalb weniger Minuten einen großen Parkplatz unweit der Altstadt. „Geht doch!" grinse ich Peter an. Ein alter, ungepflegter Parkplatzwächter kommt leicht hinkend angeschlurft. Gestenreich winkt er uns neben einem Reisebus ein. Peter öffnet das Fenster und sagt: „Dzien dobre (Guten Tag). Wie viel?" Dabei reibt er Daumen und Zeigefinger aneinander. „Guten Tag. Zwanzig Euro!" antwortet der Mann in gebrochenem Deutsch. Seine starke Alkoholfahne flattert munter vor ihm her. Ungläubig schauen wir uns an. Breslau ist zwar eine Großstadt und touristisch stark frequentiert, aber zwanzig Euro erscheinen uns dann doch zu viel. „Wie lange?" fragt Peter weiter. „Egal" „Na ja, wenn wir hier übernachten können und der Platz ständig bewacht wird, ist der Preis doch angemessen," gebe ich zu bedenken. „Vielleicht sollten wir erst mal bis heute Abend zahlen und dann sehen wir weiter." „Gute Idee!" Peter hält dem Parkplatzwächter fünf Euro hin und zeigt auf seine Uhr. „Bis heute Abend um sechs." Mit einer schnellen Bewegung und einem „okay", greift der Alte den Schein und hinkt freundlich winkend davon. Froh, einen sicheren Parkplatz gefunden zu haben, können wir nun ganz entspannt Breslau besichtigen.

Glücklich schlendern wir durch die wunderschön restaurierte Altstadt, kosten vom polnischen Bier und genießen die deftige Küche. Und endlich, auf leisen Sohlen schleicht sich das ersehnte Freiheitsgefühl ein. Es gibt so viel zu sehen: Rathaus, Aula Leopoldina, zahlreiche Kirchen und Museen, das Panorama von Raclawice und der Botanische Garten. Aber morgen ist ja auch noch ein Tag. Als wir beschwingt zum Parkplatz zurückkommen, ist es schon dunkel. Suchend schauen wir uns um. „Wo ist denn der Wächter?" „Brauchst Du Hilfe?" Freundlich lächelnd kommt ein Busfahrer auf uns zu. Hier scheint fast jeder Deutsch zu sprechen. „Wir wollen für die Nacht bezahlen. Wissen Sie, wo der Parkplatzwächter ist?" „Das kein bewachter Parkplatz. Gauner. Viel Wodka", erklärt er uns mit einer wegwerfenden Handbewegung und grinst. „Aufpassen. Schild Parking strzezony, dann ist bewacht." Zum Weiterfahren ist es jetzt zu spät, außerdem hat Peter zwei Bier getrunken. Wohl oder übel bleiben wir also über Nacht und schlafen, unbewacht und von Verkehrslärm umbraust, überraschend gut.

Zum Meeresauge und anderen Wanderzielen

Wie Lachse zum Laichplatz, wie ferngesteuert, zieht es uns regelmäßig in städtisches Leben. Wir fühlen uns wohl in diesem menschlichen Strom aus Wollen und Schaffen. Mit einer naiven Freude lassen wir uns umgarnen von Kunstwerken, Straßenkünstlern, gutgelaunten Menschen und kullinarischen Genüssen. Von den Geist- und Gaumenkitzlern also. Und genauso regelmäßig fegt ganz plötzlich etwas diesen wohligen Kokon hinweg. Vielleicht ist es der zahnlose Bettler, der nach Alkohol und Urin riecht oder der bröckelnde Putz an einer Hausfassade. Oder es sind die vielen ungeduldigen, deutschen Touristen in ihren beigefarbenen Rentnerwesten. Vielleicht machen uns aber auch nur die vielen Menschen und Autos, der Lärm, die Enge und der Schmutz nervös und kritisch. Städte akzentuieren, potenzieren, polarisieren menschliche Stärken und Schwächen. Jetzt sehnen wir uns nach Übersichtlichkeit, Gleichförmigkeit. Ja, vielleicht sogar nach Eintönigkeit. „Einfach statt komplex", fasst Peter unser Gefühl zusammen. Wir sind auf dem Weg zur Schneekoppe, fühlen uns frei und unbeschwert. Endlich. Leuchtende Rapsfelder links und rechts der Straße. Hier und da ein Bauernhaus, versteckt hinter einem Wall aus Bäumen und Büschen. Auf staubigen Straßen durch ärmliche Dörfer. Bunte Blumen vor und hinter den Zäunen. Ein Junge winkt.

Der Campingplatz in Karpacz ist einfach und liegt gleich neben einem kleinen Angelsee. Gerade kommt der Besitzer mit einem Eimer voller Fische vom Teich zurück. Gestenreich, mit ein paar Worten in Deutsch, gibt er uns zu verstehen, wir könnten uns überall hinstellen, denn wir seien die einzigen Gäste. Dann fragt er „Kawa?" Wir nicken und er deutet auf die beiden Stühle vor dem kleinen Büro. Kindheitserinnerungen werden wach. Genau solche Gartenstühle, die Lehnen und Sitzflächen mit Plastikschnüren bespannt, hatten wir zu Hause. Sie hinterlassen Streifenmuster auf Rücken und Beinen und, bei schon etwas ausgeleierten Exemplaren, rutscht der Po zwischen den Schnüren hindurch. Kindliches Kichern, wenn Oma im Sessel versank und ihr kräftiger Hintern fast den Boden berührte. Noch über diese Erinnerung lachend setzen wir uns. Da kommt auch schon der freundliche Campingplatzbesitzer mit zwei Tassen Kaffee und einem Teller Gebäck um die Ecke. Später schenkt er uns noch zwei der frisch gefangenen Fische. Sogar ein Tütchen Fischgewürz ist dabei.

Am nächsten Tag mit dem Roller die kurvenreiche Strecke bis zur Seilbahn. Ich hasse das Gefährt. Sein aggressives Knattern ebenso, wie seine kleinen Räder, die es instabil machen. „Du versuchst immer mitzulenken, dadurch kann ich den Roller kaum in der Spur halten!" meckert Peter. In Gedanken sehe ich uns schon über den Asphalt schlittern und gegen die Mauer prallen. Knochen brechen, die Haut hängt in Fetzen. Ist diese „Katastrophenphantasie" normal?

Gute und landschaftlich schöne, aber stark frequentierte Wanderwege erwarten uns. Die Vegetation ist durch den sauren Regen aus Tschechien stark geschädigt. „Wie war das mit einfach statt komplex?" frage ich Peter resigniert.

Wandern scheint in Polen eine beliebte Freizeitbeschäftigung zu sein. Obwohl erst Ende Mai, brennt die Sonne erbarmungslos. Die Leute lösen das Problem recht unkonventionell: Sie ziehen aus, was stört. Es begegnen uns Männer mit freiem Oberkörper, Kinder in Unterhosen und Frauen in Slip und BH. Fasziniert schaue ich den Damen nach, die in zierlichen Pantoletten die teilweise steilen Aufstiege bewältigen. Wir lassen es langsam angehen und machen eine moderate Tour von zwölf Kilometern. Trotzdem sind wir völlig erledigt, als wir am frühen Abend auf den Campingplatz zurückkommen. In der Nacht plagen uns Sonnenbrand und Muskelkater und am nächsten Morgen erwacht Peter mit Schüttelfrost und Fieber. Trotz Bettruhe, Tee und homöopathischen Globuli sinkt seine Körpertemperatur nicht. Auch am darauffolgenden Tag tun ihm noch alle Knochen weh und er will nur schlafen. Besorgt erwäge ich, nach einem Arzt zu fragen und schlage im Wörterbuch die entsprechenden Vokabeln nach. Lekarza, boli glowa, mam goraczke, oparzenie sloneczne. Mit gerunzelter Stirn schreibe ich die Wörter auf und versuche sie dabei auszusprechen. Plötzlich steht Peter neben mir: „Ich hab´ Hunger!" Erleichtert lache ich ihn an: „Es geht dir wieder besser!"

Bevor wir weitere Wanderziele ansteuern, gönnen wir uns ein paar Tage Ruhe. Im Heuscheuergebirge locken bizarre Felsformationen. Mit etwas Phantasie kann man Affen, Hasen oder einen Pilz erkennen. Peter keucht die sechshundert Stufen hoch. So ganz fit fühlt er sich doch noch nicht. Eine Woche später wandern wir durch die Hohe Tatra. Hier locken attraktive Routen mit allen Schönheiten eines Hochgebirges. In den kleinen Dörfern leben noch Goralen in ihren kunstvoll verzierten Holzhäusern. Diese kleine, ethnische Volksgruppe konnte sich einen Teil ihrer eigenständigen Kultur in Form ihres Dialektes und ihrer farbenfrohen Trachten bewahren. Außerdem produzieren sie einen köstlichen, geräucherten Schafskäse, mit dem wir uns gleich eindecken. Mit der Seilbahn fahren wir auf den populärsten Berg Polens, den Kasprowy Wierch und wandern dort am Kamm entlang. Besser gefallen uns aber die malerischen Seitentäler. Der Legende nach ist der faszinierende See Morskie Oko, Meeresauge, mit dem Mittelmeer verbunden. Eingebettet in eine schroffe Hochgebirgslandschaft leuchtet er heute nicht wie im Reiseführer beschrieben smaragdgrün, sondern hüllt sich in zarte Nebelschleier. Wem die zwanzig Kilometer zu weit sind, kann die Strecke auch ganz oder teilweise mit einer Pferdekutsche zurücklegen. Wir haben Kaffee, Wasser, Brote, Eier und Tomaten eingepackt und machen auf einem der hübsch angelegten Rastplätze eine ordentliche Vesper. Über Nacht bleiben wir mit unserem Reisemobil auf dem Wanderparkplatz, die Ruhe und würzige Waldluft genießend. Herrschte hier tagsüber Hochbetrieb, sind wir nun völlig allein. Über uns ein Sternenhimmel, wie ich ihn lange nicht gesehen habe. Nachdenklich sagt Peter: „So langsam wird mir die Endgültigkeit unserer Entscheidung bewusst." Ich frage nicht, ob er das positiv oder negativ meint.

Die heimliche Hauptstadt Polens

Krakau ist eine faszinierende Stadt. Unser Reisemobil steht auf einem Campingplatz etwas außerhalb und wir sind mit Bus und Straßenbahn ins Zentrum gefahren. Reges Treiben auf dem Marktplatz. Flanierende Menschen, Straßenmusikanten und jede Menge Tauben, die an den Markusplatz in Venedig erinnern. Und tatsächlich, im Reiseführer lese ich, dass der Hauptmarkt in Krakau nach Venedigs Markusplatz der größte Platz Europas ist. Die Tauben sind hier allerdings keine gewöhnlichen Vögel, sondern vornehme Ritter, die auf ihre Erlösung warten. Krakau ist eine Stadt der Legenden. Man erzählt sich von Hexen, der Prinzessin Wanda und einem Drachen, der in einer Höhle unter dem Wawel lebte. Und natürlich vom Schuster Krak, der den Drachen mit Weisheit bezwang und der Stadt ihren Namen gab.

Wir schlendern vorbei an den vielen Cafés und Restaurants und genießen die fast südländische Atmosphäre. Eine in Trachten gekleidete Musikgruppe spielt folkloristische Lieder und tanzt dazu in perfekter Choreographie. Langsam gehen wir weiter, lassen uns treiben. Allmählich mischen sich harte Rhythmen in die verklingende Volksmusik. Ein Knäuel aus Tönen wie auf dem Jahrmarkt. Jugendliche haben riesige Boxen aufgestellt und wirbeln beim Brakedance über den Asphalt. Ganz anders die zarte und eintönige Musik des Leierspielers nebenan. Er trägt ein mittelalterliches Gewand und hat seine langen Haare in einer kühnen Tolle ins Gesicht gekämmt. In einer Nebenstraße animieren uns Tangorhythmen. Mit harten, akzentuierten Schritten gehen wir weiter. Fast gleichzeitig drehen wir unsere Köpfe in einer schnellen Bewegung nach links und rechts. „Unsere Choreographie ist aber auch nicht schlecht!", bemerke ich lachend. In der nächsten Gasse stoßen wir auf drei junge Leute. Sie sind in prächtige, historische Kostüme gekleidet und schmettern Arien. Man weiß gar nicht, was man zuerst fotografieren soll.

Krakau kann eine tausendjährige Geschichte aufweisen und ist kultureller Mittelpunkt Polens. Sie blieb im 2. Weltkrieg nahezu unzerstört. Wollte man alle Schlösser, Museen, Galerien, Klöster und Kirchen besichtigen, müsste man mehrere Wochen einplanen. Der Wawel ist der Buckingham Palace von Polen und jeder Pole will einmal im Leben dorthin pilgern. So wundert es nicht, dass wir dort auch die meisten Menschen treffen, vor allem Schüler aller Altersklassen. Das erschwert das Fotografieren und wir resignieren schließlich. „Jetzt muss ich etwas essen." „Dort drüben habe ich eine Piroggeria entdeckt. Selbstbedienung. Sah aber gut aus." Es ist Mittagszeit und das preiswerte Restaurant offensichtlich sehr beliebt. „Setz dich schon mal, ich besorge uns etwas Leckeres." Geduldig reihe ich mich in die Warteschlange ein. Alles ist hervorragend organisiert. Nach der Bestellung erhält man die Getränke und zahlt an der Kasse. Wenn die Piroggen nach einer Weile fertig sind, ruft die Bedienung durch den Raum: „Sechs Piroggen mit Quark und zehn Piroggen mit Fleisch!" Dann holt man sich die Köstlichkeiten an der Theke ab. Natürlich muss man wissen, wie das auf polnisch heißt. Drei mal muss die Dame ihre Ansage durchgeben, bevor wir endlich aufschrecken: „Das ist für uns!" Voller Vorfreude auf das leckere Mahl gehe ich an den Tresen und nehme die beiden Teller in Empfang. Sie sind sehr voll. Beim Gehen läuft heiße Butter über meinen Daumen und ich zucke erschrocken zusammen. Im nächsten Moment fliegen die glitschigen Teigtaschen vom Teller und schlittern, eine Butterspur hinterlassend, über den Fußboden. Ich weiß nicht, ob ich lachen oder fluchen soll. Mit einem kläglichen Rest von drei Piroggen komme ich an unseren Tisch. Peter schaut mich verdutzt an. Dann sieht er die Bescherung auf dem Boden und wir prusten los.

Noch einmal genießen wir das lebendige Treiben auf dem Marktplatz mit seinen herrlichen Bürgerhäusern und den vielen Kutschen. Altmodisch gekleidet, warten die Kutscher und Kutscherinnen auf Gäste für eine romantische Stadtrundfahrt. Stets Besen, Schaufel und Eimer bereithaltend, um flugs dampfende Pferdeäpfel beseitigen zu können. Stundenlang sitzen wir auf einer Bank, beobachten, fotografieren und staunen. Später folgen wir im Café U Literatów den kulinarischen Vorlieben der Nobelpreisträgerin Wyslawa Szymborska und gönnen uns ein Stück Walnusstorte.

Am nächsten Tag packen wir unsere Fahrradtaschen

und radeln entlang der Weichsel in die Stadt. Vom gegenüberliegenden Weichselufer wirkt der Wawel noch imposanter. Ein abweisend moderner, gigantischer Gebäudekomplex weckt unser Interesse. Hier hat offensichtlich sozialistischer Größenwahn Blüten getrieben. Mit den vielen Fenstern und Balkonen sieht er wie ein Hotel aus, wirkt aber ungepflegt und unbewohnt. Bröckelnder Beton, in den Mauerspalten wächst Gras. Neugierig laufe ich die Treppen zu dem Gebäude hoch und stelle überrascht fest, dass es tatsächlich ein Hotel und noch in Betrieb ist. Wieder auf die andere Weichselseite bis in das jüdische Viertel Kazimierz. Der Stadtteil wurde 1335 von König Kazimierz als Ghetto für Juden gegründet. Hier drehte Steven Spielberg „Schindlers Liste". Verwinkelte Gassen, wenig Menschen, kaum Geschäfte. Die alte Synagoge ist leider geschlossen. Im Café „Ariel" essen wir eine Kleinigkeit zu Mittag und fragen nach Konzerten, die hier regelmäßig stattfinden sollen. In exzellentem Englisch schwärmt der Kellner vom Kulturfestival im Sommer. Von internationalen Künstlern und den vielen Varianten jüdischer Musik. Neugierig geworden, kaufen wir uns auf dem Rückweg eine CD der Gruppe „Kroke", was jiddisch ist und Krakau heißt. Nachdem Steven Spielberg die Musiker nach USA eingeladen hatte, feierten sie internationale Erfolge. Am Abend schallt aus unserem Reisemobil melancholischer Klezmer-Blues. Bedrückend, eindringlich, die Seele berührend.

Früh brechen wir am nächsten Morgen auf. Wir sind etwa eine Stunde unterwegs, da fällt mir ein: „Ach, ich wollte mir doch noch im Czartoryski-Museum das Bild „Die Dame mit dem Hermelin" von Leonardo da Vinci anschauen." „Naja, da müssen wir wohl noch mal wiederkommen", meint Peter schmunzelnd. Ein guter Grund, Krakau ein zweites mal zu besuchen, neben Hundert weiteren!

Auschwitz

Nach den positiven und heiteren Erfahrungen in Krakau trifft uns Auschwitz wie ein Schlag. Zuerst wirkt alles noch harmlos. Der große Parkplatz mit Geschäften und Imbissbuden. Das Museum mit schockierenden, aber bekannten Informationen. Noch ergreift uns nur intellektuelles Entsetzen. Durch den Verstand gefiltert. Mit Daten, Fakten, Analysen unterlegt. Auch die Lagergebäude und der Stacheldrahtzaun berühren uns nur im Kopf.

Die höhnische Aufschrift „Arbeit macht frei" über dem Eingangstor erinnert uns an die hässliche Geschichte, die uns Marek erzählte. Halina und Marek stammen aus Polen und leben seit langer Zeit in Deutschland. Damals wohnten sie in einem Mehrfamilienhaus bei Frankfurt. Provokativ hatte die Nachbarin, eine junge Frau von Anfang Zwanzig, diesen Spruch über ihre eigene Eingangstür geheftet. Gut lesbar für Marek und Halina, damit er ihnen jedesmal, wenn sie ihre Wohnung verließen, ins Auge sprang. Ohne eine Erklärung oder Entschuldigung, aber mit einem höhnischen Grinsen im Gesicht, riss sie das Spruchband lässig ab, als Marek sie darauf ansprach. Soviel Dummheit macht einen ganz krank.

Wir kommen zur Todeswand, wo Häftlinge durch Genickschuss getötet wurden. Reisende verschiedener Nationalitäten trotten hinter ihrer Reiseleitung her. Aus einer italienischen Gruppe tritt eine ältere Dame heraus. Lächelnd stellt sie sich vor der Todeswand in Pose und gibt ihrem Gatten mit einer herrischen Handbewegung die Anweisung zu fotografieren. Angewidert wenden wir uns ab.

Im angrenzenden Gebäude hängen Bilder der Gefangen an den Wänden. Es sind so viele. Ich spüre einen Kloß im Hals. Informationstafeln: Die geraubten Wertsachen der Ermordeten brachten der Reichsbank in einem Jahr mehr als 100 Millionen Reichsmark. In einem anderen Raum sind hinter Glas Koffer aufgetürmt, im nächsten Töpfe und Kochutensilien. Alltägliche Gegenstände aus ganz alltäglichen Leben. Ihren Besitzern abgenommen, danach sortiert und säuberlich registriert. Deutsche Gründlichkeit! Ich versuche den Kloß in meinem Hals hinunter zu schlucken.

Tausende von Schuhen. Kinderschuhe, derbe Schuhe, rote Damenpumps, eine Sandale mit Rosette, Wanderstiefel. Die Geister der Toten tanzen durch den Raum. Hüpfende Kinder. Ein verliebtes Paar im Walzerschritt. Zufrieden betrachtet eine junge Frau ihre neuen Schuhe im Spiegel.

Im nächsten Raum Berge von Haaren. Rot, blond, braun. Abgeschnitten für die Produktion von Stoffen für die Armee. 50 Pfennige für ein Kilogramm Haare. Tage vorher noch zu Zöpfen geflochten, streng zurückgekämmt, im Dutt gebändigt, gelockt oder gedreht. Markantes Zeichen eines Individuums, das nun, kahlrasiert und nummeriert, den teuflischen, penibel organisierten Vernichtungsprozess durchläuft. Schweigend gehen wir zurück zum Parkplatz. Auch für den Rest des Tages finden wir keine Worte.

Erst am nächsten Morgen gelingt es uns.

Ruhe bewahren!

„Die Kontrollleuchte der Feststellbremse geht nicht mehr aus." Peter schaut besorgt aus. Wir sind auf dem Weg in den äußersten Südosten Polens. Wollen dahin, wo es noch Urwald, Bären, Wölfe, Luchse und Wisente gibt. Jetzt allerdings unterbrechen wir unsere Fahrt bei nächster Gelegenheit. An der Staumauer des Sees Roznowskie zieht Peter den Blaumann über und kriecht unters Fahrzeug, von wo ein leises Zischen zu hören ist. „Da entweicht Bremsdruckluft!" Peters Miene wird immer besorgter. Ruhe bewahren! Resigniert versuche ich mich abzulenken und koche eine Kanne Kaffee. Schon wieder etwas kaputt. Wir sind erst ein paar Wochen unterwegs, und ein Problem folgt dem nächsten. Zuerst streikte die Gasanlage, dann sprang der Generator nicht mehr an und beim letzten Regen hatten wir Wassereinbruch im Fahrerhaus. Vielleicht ist das Reisemobil doch eine Nummer zu groß für uns. Ich seufze. Plötzlich steht Peter hinter mir: „Hier ist der Übeltäter. Der Bremslichtschalter ist hinüber. Wir müssen in eine Werkstatt. Ist aber keine große Sache." Ich seufze erneut, diesmal erleichtert. Anruf bei MAN – die nächste Werkstatt ist nur etwa fünfzig Kilometer entfernt. Glück gehabt! „Aber es ist Samstag. Meinst Du, die arbeiten heute?", gebe ich zu bedenken. „Dann bleiben wir eben bis Montag irgendwo in der Nähe stehen. Mach´ doch nicht immer alles so kompliziert!" Unsere Anspannung elektrisiert die Luft. Nun genügt ein winziger Funke und ein Gewittersturm fegt über unsere Gemüter. Ruhe bewahren! Wir finden die Werkstatt erst beim zweiten Anlauf. „Da hätten wir reingemusst. Fahr´ doch nicht immer so schnell!" „Ich schlage vor, Du machst endlich den LKW-Führerschein. Dann kannst Du fahren, wie Du es für richtig hältst!" Ich verkneife mir eine Antwort. Ruhe bewahren!

Es ist Samstagnachmittag, 14.30 Uhr und die Werkstatt ist noch offen. Wieder mal zu früh gesorgt. Aus der Halle dringt Musik von Shania Twain, Peters Lieblingscountrysängerin. Ein junger Mann spricht uns in flüssigem Englisch an, mit deutlich amerikanischen Akzent. Peter erläutert ihm das Problem, das schon eine halbe Stunde später keines mehr ist. Ersatzteil eingebaut, Preis trotz geringem Samstagaufschlag sehr moderat. Entspannt trinken wir mit dem Monteur eine Tasse Kaffee und fragen ihn nach dem Grund für sein gutes Englisch. Stolz erzählt er uns, er habe drei Jahre in USA gelebt und dort gutes Geld verdient. Aber das Heimweh habe ihn zurückgeholt nach Polen. Vor allem die Menschen hätten ihm gefehlt. In USA zähle nur das Geld, nicht der Mensch.

In guter Stimmung fahren wir weiter. Es fängt an zu dämmern und wir halten Ausschau nach einem Stellplatz. Wir sind nun schon in den Beskiden. Sanft gerundete Berge, Wälder und Wiesen. Verlassene Dörfer, verfallene Häuser. Einsam ist es hier. Nur in wenigen Vorgärten blühen Blumen. Eine Frau in roter Kittelschürze schaut uns nach. Ich winke ihr zu. Da dreht sie sich kopfschüttelnd ab und geht ins Haus zurück. Plötzlich kommt mir alles lächerlich vor: Meine freundlich gemeinte Geste, unser großes Reisemobil in dieser armen Gegend, unsere Idee auszusteigen. Lächerlich und vergeblich. Warum eigentlich will heute jeder reisen? Warum kaufen sich so viele ein Wohnmobil? Was früher nur wirklichen Abenteurern vorbehalten war, widerfährt heute Massen von Touristen. Sie fahren durch die Wüste, klettern auf die höchsten Berge oder reiten durchs Outback. Dabei kommentieren sie dann besserwisserisch die vermeintlichen Missstände in den jeweiligen Ländern. Diese Sammler von Souvenirs und negativen Eindrücken. Oder die Schnäppchenjäger, die nur deshalb nach Paris fliegen, weil es billig ist. „Für das Geld komme ich ja noch nicht mal mit der Bahn von Frankfurt nach Darmstadt!" Und was ist so aufregend an einer Expedition, bei der man fast draufgeht: „Die letzten Tage haben wir uns nur noch von Crackern und Senf ernährt, mehr hatten wir nicht mehr!" Als Gegenleistung für die Finanzierung dieser Herausforderung muss dann Werbung für einen Multi gemacht werden.

Ich nähere mich der unbequemen Frage, warum *wir* eigentlich reisen. „Wir wollen Land und Leute kennen lernen." Das sagt jeder, der im Ausland unterwegs ist! Ein Gemeinplatz. Oberflächlich und bequem. Wann kennt man denn ein Land? Wie lange muss man durch die Landschaft wandern, wie viele Städte besichtigen? Oder kennt man es, wenn man stapelweise Reiseführer, Romane und Biographien gelesen hat? Subjektive Schilderungen aus zweiter Hand? In dem Land arbeiten, Politik spüren, mit den Menschen auskommen oder auch nicht – das wäre ein Ansatz. Aber wer will und kann das schon? Und das „Leute kennen lernen" geht doch gewöhnlich über oberflächliche Kontakte nicht hinaus. Sogar wenn das anders wäre, wenn man jahrelang dort lebte, Freunde gewönne – eine gewisse Fremdheit bliebe immer. Wie soll es auch anders sein, ist man doch nicht mit den gleichen Gerüchen, Klängen und Geschichten aufgewachsen. Wie soll man also nachempfinden können, wie ein Pole sich in Polen fühlt. Die Frau in der Kittelschürze, der Monteur in der Werkstatt, die Kellnerin in Krakau oder der Alkoholiker vom Parkplatz in Breslau. „Wo ich bin ist Deutschland", sagte Thomas Mann im amerikanischen Exil. Bisher hatte ich diesen Satz immer als Überheblichkeit interpretiert. Vielleicht meinte er aber genau diese Erfahrung, dass man seine eigene Kultur überall mit hinschleppt, nie ganz von ihr los kommt. Bestenfalls gibt es Momente des Verstehens, denen Offenheit und größere Toleranz folgen. Bestenfalls!

„Träumst Du? Vorwurfsvoll schaut Peter mich an. Ruhe bewahren! Wahrscheinlich bin ich in einer ganz normalen Reisekrise. So wie bei einer Fastenkur, bei der es am kritischen dritten Tag zu depressiven Verstimmungen kommen kann. Morgen sieht die Welt wahrscheinlich schon wieder anders aus. „Sprichst Du nicht mehr mit mir?" fragt Peter ungeduldig. Ruhe bewahren!

Und der Teufel sagt: „Gute Nacht"

Und tatsächlich, der nächste Tag ist wieder ein Höhepunkt unserer Reise, der alle Zweifel vergessen lässt. Bis zum Dorf Ostrzyki Gorny im östlichsten Zipfel der Waldkarpaten sind wir am Vorabend noch gefahren. Frittenbuden, Souvenirläden und ein überfüllter Campingplatz - das hatten wir uns anders vorgestellt, heißt es doch in einem polnischen Sprichwort, dass in dieser abgelegenen Region der Teufel den Menschen „Gute Nacht" sagt. Schon früh am nächsten Morgen drängt es uns daher auf die Berge. Wir brauchen Bewegung und Einsamkeit, um unsere angespannten Muskeln und Nerven in der Natur zu lockern. Steiler Aufstieg, schmale, steinige Pfade. Keine Menschenseele begegnet uns. Oben dann eine grandiose Aussicht auf sanft geschwungene Berge, auf Wälder und Wiesen. Grünschattierungen, gestaffelt bis zum tiefblauen Horizont. Keine Straße, keine Stromleitung, kein Haus. Nichts, was den Blick ablenken könnte. Nur dieses intensive Blau und saftige Grün. Wir legen uns ins Gras, fassen uns bei den Händen. Wie Schnee rieselt die Stille auf uns herab. Dringt durch die Poren unserer Haut nach Innen. Salbt, glättet, reinigt. Auch an den nächsten Tagen machen wir Wanderungen durch diese einsame Wildnis. Aber keine weckt so starke Gefühle in uns, wie die erste. Mir fällt das volkswirtschaftliche Gesetz vom „Abnehmenden Grenznutzen" ein, das unser Lehrer damals sehr anschaulich erklärte: „Der erste Schluck Bier ist am köstlichsten und löscht den Durst am besten. Jeder weitere Schluck bringt, gemessen an dem vorherigen, weniger Nutzen." So ähnlich muss es unserer Seele und ihrem Durst nach Stille ergangen sein.

Grenzgebiet. Auf holprigen Straßen durch eine unberührte Hügellandschaft, durch abgelegene Dörfer. Die Machthaber wechselten häufig: Russen, Habsburger, Deutsche, Ukrainer und Polen. Nationalitäten- und Religionskonflikte, der polnisch-ukrainische Grenzkrieg von 1945-1947. Grausamkeiten auf beiden Seiten. Am Ende Zwangsumsiedlungen. Zurück blieben verbrannte, verlassene Dörfer. Gegensätze bestimmen auch heute noch diesen Teil Polens. Naturparadies neben wenigen hässlichen Ferienzentren. Niedrige, ärmliche Katen neben komfortablen Neubauten. Viele Bauruinen. Später lesen wir, dass Schmuggel früher einen gewissen Wohlstand brachte. Der war, aufgrund der hohen Arbeitslosigkeit in den Grenzgebieten, oft die einzige, wenn auch lukrative, Erwerbsquelle. Trotz Schmiergeldzahlungen an Zoll- und Grenzbeamte blieb genug hängen, um die Rente oder Sozialhilfe aufzubessern, die Kinder studieren zu lassen oder ein Haus zu bauen. Das ist nun durch den EU-Beitritt vorbei oder zumindest erschwert. Eine aus EU-Mitteln finanzierte, hochmoderne Grenzstation der FRONTEX sichert heute den Westen gegen den Osten ab. Grenzgebiet.

Nächste Station ist Lublin, wo wir auf einem Campingplatz unweit der Stadt mit Halinas Bruder verabredet sind. Bei ihm ist, in einer Art privatem Postverteilungssystem, unsere angesammelte Korrespondenz aus Deutschland gelandet. Von Gudrun ging das Paket zu Halina, die nahm es mit zu einem Familienfest nach Polen und übergab es dort ihrem Bruder. Es ist schon dunkel, als wir in Lublin ankommen. Schlechte Voraussetzungen für die Suche nach dem Stellplatz. Dichter Wald. Gespenstisch leuchten die Bäume im Scheinwerferlicht. Fratzen und Ungeheuer blitzen für Sekunden auf. „Da vorne ist das Campingplatzzeichen! In 300m geht es links rein!" Peter bremst ab und fährt langsam weiter. Doch nirgends ist eine Einfahrt zu erkennen. „Oh Mann, jetzt sind wir doch wieder darauf reingefallen! Hier in Polen bedeutet die Kennzeichnung ja, dass es sofort links reingeht und danach noch 300 m zu fahren sind!", schimpft Peter. Erst nach weiteren 5 km gibt es eine Wendemöglichkeit auf einem Parkplatz. Wie erwartet, ist der Campingplatz aus der entgegengesetzten Richtung nicht ausgeschildert. Peter schaut auf den Tacho. „Wir müssen dran vorbei sein. Es sind jetzt schon 6 km." „Ich hab aufgepasst wie ein Luchs, da war nichts!" antworte ich müde. Bis auf eine kurze Mittagsrast sind wir seit heute morgen unterwegs. Jetzt bin ich hungrig und schlechtgelaunt. An der nächsten Kreuzung drehen wir erneut. „Da vorne ist das Campingplatzzeichen wieder," rufe ich. Peter stoppt, wir schauen nach links. „Da ist nichts!" Auch nachdem wir das Fahrzeug am Straßenrand geparkt haben und zu Fuß nach einer Einfahrt suchen, können wir außer einem Waldweg, der auf eine Waldlichtung führt, nichts finden. „Wir übernachten auf dem Parkplatz, auf dem wir gewendet haben," schlägt Peter vor. Eigentlich verstößt das gegen unser Sicherheitsprinzip, in Städten oder in Stadtnähe grundsätzlich auf bewachten Plätzen zu campieren. Aber mittlerweile ist mir alles egal. Essen und schlafen, mehr will ich heute nicht mehr. Für solche Stresstage haben wir immer ein paar Dosen „Notwurst" dabei. Dicke Sauerländer Knacker. Mit frischem Brot, Gurken und Tomaten – köstlich. Satt und hundemüde liegen wir früh in unseren Betten. Sacht geschaukelt, denn es ist Wind aufgekommen. Aus der Ferne leises Donnergrollen. „Es gibt ein Gewitter..." murmele ich und bin schon im nächsten Moment eingeschlafen.

„Hast Du das auch gehört?" Aus dem Schlaf aufgeschreckt, sitzen wir im Bett. „Da ist es wieder!" Mit erhobenem Zeigefinger horche ich in die Nacht. „Ich glaube, es klopft jemand." „Nein, da wirft jemand Steinchen auf unser Fahrzeug!" Vorsichtig öffnen wir das Rollo. Draußen ist nichts zu erkennen. „Der PKW da vorne stand vorhin noch nicht da." „Wahrscheinlich machen sich ein paar Jugendliche einen Scherz," versuche ich zu beschwichtigen. Zu meinen Standardängsten gehört die Vision, Peter niedergeschlagen oder niedergestochen zu finden, weil er meinte, sich Kriminellen heldenhaft widersetzen zu müssen. Und wieder prasselt ein Steinchenregen gegen unser Fahrzeug. Wütend steht Peter auf. „Du machst aber nicht die Tür auf, oder?" Ängstlich schaue ich ihm nach. Wortlos geht er nach vorne ins Führerhaus und zieht das Signalhorn. Einmal, zweimal und ein drittes Mal. Laut und tief schallt es durch den Wald. Wie das Nebelhorn eines Schiffes. Ich schaue unterdessen angestrengt nach draußen, versuche etwas in der Dunkelheit zu erkennen. „Nichts! Da bewegt sich überhaupt nichts!" Peter kommt zurück. Kaum liegt er im Bett, erneutes Klacken. Danach nichts mehr. Wir warten. „Sie haben es wohl aufgegeben," seufze ich nach einer Weile erleichtert. Ganz still ist es nun. Nur ein Käuzchen ruft weit entfernt. „Der Wind hat nachgelassen. Es gibt wohl doch kein Gewitter mehr", sagt Peter und dreht sich zur Seite. Ich liege noch eine Weile wach und horche. Doch es bleibt ruhig.

Trotz der nächtlichen Unterbrechung sind wir am nächsten Morgen munter und ausgeruht. Kurzer Anruf bei Halinas Bruder. Als Treffpunkt vereinbaren wir den Parkplatz vor dem Schloss in Lublin. Gerade wollen wir losfahren, da hören wir wieder das Geräusch von letzter Nacht. Klong! Verdutzt schauen wir uns an. Auf dem Parkplatz ist weit und breit niemand zu sehen. Wir steigen aus und schauen uns irritiert um. Plötzlich fängt Peter an zu lachen. Ich brauche einen Moment länger, um zu verstehen. Unser Reisemobil steht unter den weit ausladenden Ästen einer riesigen Eiche. Rundherum liegen Eicheln auf dem Asphalt, die der Wind von den Zweigen geschüttelt hat. Den ganzen Tag noch necken wir uns gegenseitig mit unserer Ängstlichkeit, und unsere Erleichterung lebt sich in kindlicher Albernheit aus. Die gipfelt in einem Schlaflied, das ich Peter zur Nacht singe:

Schlaf, Peter! Schlaf!
Die Menschen sind nicht brav.
Sie brechen in den Wagen ein,
klaun Dein Geld und Deinen Wein.
Schlaf, Peter! Schlaf!

Wach auf, Peter! Wach auf!
Kriminelle zu Hauf
Sie demolier´n dein Wohnmobil,
Dich zu ärgern ist ihr Ziel.
Wach auf, Peter! Wach auf!

Schlaf, Peter! Schlaf!
Du dummes, kleines Schaf.
Der Wind der schüttelt´s Bäumelein,
Eicheln fallen grün und klein.
Schlaf, Peter! Schlaf!

Machtfragen

Mit einem breiten Lächeln im Gesicht und unserem Paket unterm Arm kommt Halinas Bruder über den Parkplatz gelaufen. Ein stämmiger, sympathischer Typ. Völlig überrascht, erwidere ich seinen Handkuss ganz undamenhaft mit einem festen Händedruck. Ich hatte zwar gelesen, dass diese galante Geste in Polen noch üblich ist, wollte aber nicht so recht daran glauben. Unsere Einladung zum Mittagessen oder wenigstens zu einem Kaffee schlägt er aus. Er sei in Eile, entschuldigt er sich. In seiner Gärtnerei beschäftige er zwanzig Mitarbeiter, die nur unter seiner Aufsicht etwas tun würden. Und so zieht er davon, der galante Ritter. Produktivität, Effizienz und Absatzmärkte bestimmen auch seinen Alltag.

Verwinkelte Gassen, dunkle Hinterhöfe, schon weitgehend restaurierte Bürgerhäuser kennzeichnen die Altstadt von Lublin. Italienische Architekten schufen hier einen ganz eigenen Stil, der als Lubliner Renaissance in die Kunstgeschichte einging. Wir empfinden eine eigenartig künstliche Atmosphäre. Erst nach einer Weile nehmen wir wahr, dass es in diesem Teil der Stadt kaum Geschäfte gibt. Weder einen Bäcker noch einen Gemüseladen finden wir.

Zweimal erlangte das Schloss von Lublin historische Bedeutung. 1569 wurde hier die polnisch-litauische Union formell unterzeichnet. Das Doppelreich bestand seit 1385 und wurde unter den Jagiellonen-Königen zum flächenmäßig größten Staat Europas. Das Land erlebte ein „Goldenes Zeitalter", sowohl wirtschaftlich als auch kulturell, war Handelszentrum und geistige Hochburg und galt als das toleranteste Reich Europas. Später, nach dem 2. Weltkrieg, ging Lublin als provisorische Hauptstadt Polens und als Sitz der von Stalin eingesetzten Übergangsregierung ein zweites Mal in die Geschichte ein.

Schon während unserer gesamten Fahrt sind uns die riesigen Heldendenkmäler und Monumente aufgefallen. Künstlerischer Ausdruck durch Gigantismus ersetzt. Nur groß, hässlich und oberflächlich. Ähnlich verhält es sich mit der Freizeitanlage am See von Lublin. Verfallene, rostige Einrichtungen, das Ufer voller Müll, grünes Algenwasser und tote Fische – viel mehr ist vom einstigen sozialistischen Prestigeobjekt nicht geblieben. In den Siebzigern des vorigen Jahrhunderts errichtet, mit Bootsanlegestellen und Wasserskianlage. Großspuriges Geschenk an die Werktätigen. Fast der gesamte See ist in Beton eingefasst. Die breiten Treppen und die lange Uferpromenade müssen einmal mediterranen Charme ausgestrahlt haben. Illusion von Freiheit. Auch heute noch gibt es malerische Badebuchten und idyllische Sandwege durch den angrenzenden Wald. Doch über allem liegt morbider Atem. Das Regime ist schon längst passé, aber seine errichteten Mauern verfallen nur allmählich. Die an der Uferpromenade des Sees von Lublin und die in den Köpfen.

Lange war Lublin eine Hochburg des Judentums. Im

Vergleich zum übrigen Europa lebte hier die jüdische Bevölkerung jahrhundertelang weitgehend unbehelligt. In einem Klima der Toleranz regelten Gesetze das Miteinander. Erst im 19. Jahrhundert hoben die Besatzungsmächte eine Reihe von Schutzbestimmungen auf und der Antisemitismus verstärkte sich. 1941 errichteten die Nationalsozialisten ein Ghetto und im gleichen Jahr das Konzentrationslager Majdanek im Süden der Stadt. Während des Naziregimes gab es sowohl Denunziationen als auch Polen, die Juden versteckten oder ihnen zur Flucht verhalfen. Besonders Nonnenklöster engagierten sich für die Rettung jüdischer Kinder. Nach dem Krieg kamen viele geflüchtete Juden zurück, waren unter der kommunistischen Herrschaft aber nicht sehr willkommen. Von Krisen im Staat wurde stets mit antisemitischer Propaganda abgelenkt. Folge war eine erneute Auswanderungswelle, diesmal nach Israel.

In der Katholischen Universität von Lublin hielt Erzbischof Karol Wojtyla Vorlesungen. Hier wuchs der geistige, katholische Nachwuchs heran. Endlich kam der Tag der Erlösung für die Polen: Wojtyla wurde zum Pabst Johannes Paul II gewählt. Damit wurde die Kirche noch stärker zum Kristallisationspunkt des passiven und aktiven Widerstands gegen das kommunistische System. Schon immer wurden Religion und Politik eng miteinander verknüpft. Spätesten seit die „Schwarze Madonna" von Tschenstochau half, der schwedischen Sintflut zu trotzen, symbolisiert Maria die Einheit von Nation und Religion. Der Katholizismus als Garant für den Fortbestand der polnischen Identität und Polen als Bollwerk gegen die Orthodoxie und den Islam. Auch heute noch sind die christlichen Traditionen in Polen sehr lebendig. Die Kirche hat unverändert großen Einfluss auf das gesellschaftliche Leben. Überall im Land, auf Plätzen, an Straßen, am Waldesrand oder auch mitten im Feld, sind Madonnenbilder und Kreuze aufgestellt. Aufwändig mit bunten Bändern und Blumen geschmückt. Volle Gotteshäuser, mehrere Messen täglich, Kirchgänger aller Altergruppen. Die alte Dame mit Kopftuch kniet neben dem jungen Mädchen in knapper Hüfthose. Fröhliche Kirchenlieder, lautstark mitgesungen, oft sogar ohne Unterstützung durch eine Orgel. Feierliche Prozessionen, Pilgerfahrten und Opfergaben gehören zu den religiösen Pflichten. Mit Krücken, Rosenkränzen und Bernsteinketten verzierte Kirchenwände. Gläubige, die auf Knien zum Altar rutschen.

Mit hängenden Schultern, die Stirn auf die gefalteten Hände gestützt, sitzt ein alter Mann in der hintersten Bankreihe und murmelt unablässig ein Ave-Maria nach dem anderen. Er wirkt, als hätte er sich in Trance versetzt und würde einem heidnischen Ritual folgen. Weiter vorne kniet eine Frau mittleren Alters, Tränen rinnen ihr übers Gesicht. Wie ein kleines gescholtenes Mädchen schaut sie ängstlich nach oben zur Mutter Gottes. Ab und zu nickt sie leicht, als würde sie ihre Schuld eingestehen. Plötzlich erhellt sich ihre Miene. Lächelnd bekreuzigt sie sich, steht auf, wischt ihre Tränen ab und verlässt mit energischen Schritten die Kirche. Nun wirkt sie gar nicht mehr kindlich schuldbewusst, sondern wie eine Frau, die zupacken kann. Von allen Sünden reingewaschen, kann der Alltag weiter gehen.

Das dynamische Warschau

Weiterreise Richtung Warschau. Schöne Stellplätze finden wir unterwegs nicht. Entweder gibt es den jeweils angesteuerten Campingplatz nicht mehr, oder er hat bessere Zeiten erlebt. Um so mehr sind wir von der Qualität des Platzes in Warschau überrascht. Sehr ruhig und trotzdem zentral, könnte man ihn als klein, aber fein bezeichnen. Eichhörnchen huschen die Bäume hoch, ein Igel trippelt über den hellen Kies.

Am nächsten Tag fahren wir siebzehn Stationen mit dem Bus, steigen dann in die Straßenbahn um, und schon sind wir mitten in der Stadt. Paris des Ostens wurde Warschau früher genannt. Wir sind skeptisch. Gegenüber Warschau sind unsere Vorbehalte am größten. Doch es dauert nicht lange und wir sind begeistert und müssen unser Vorurteil revidieren. Breslau ist stattlich und jung, Krakau prächtig und lebendig, Danzig stil- und würdevoll. Zu Warschau fällt uns vor allem das Wort dynamisch ein. Damit entspricht die Stadt den Erwartungen, die man an eine Metropole stellt. Nirgendwo sonst in Polen wird der Aufbruch in die Moderne so deutlich sichtbar wie in Warschau. Wirtschaftszentrale und Verkehrsknotenpunkt. Überall Straßencafés und Restaurants. Weitläufige Parks und imposante Schlossanlagen. Das größte Theater Europas. Avantgarde und Tradition. Eine idyllische Altstadt und futuristische Hochhäuser.

Nicht zu vergessen natürlich der hässliche Kulturpalast im Zuckerbäcker-Barock, ungeliebtes Geschenk Stalins an Polen. Es geht das Gerücht um, es würden nur deshalb so viele Hochhäuser in diesem Viertel gebaut, damit irgendwann der Kulturpalast völlig verdeckt sei. Heute sind viele seiner 3.300 Räume an internationale Firmen vermietet. Big Business beherrscht jetzt das Feld, Ironie der Geschichte. Inmitten der malerischen Häuser der Altstadt oder der königlichen Residenzen kann man sich nur schwer vorstellen, daß Warschau nach dem Krieg zu 90% zerstört war und innerhalb von 30 Jahren rekonstruiert wurde.

Höhepunkt des Warschauaufenthaltes ist für mich der Besuch einer Aufführung im Großen Theater. Um Sprachprobleme zu minimieren, habe ich mich für das Ballett „Dornröschen" entschieden. Das Publikum besteht zum Großteil natürlich aus Kindern. Sie tragen schicke Anzüge oder Samtkleidchen und rosa Blumen im geflochtenen Haar. Überrascht stelle ich während der Vorstellung fest, daß die Kinder drei Stunden konzentriert bei der Sache sind. Kein Quengeln, keine mitgebrachten Apfelschnitze oder Süßigkeiten, keine Trinkflasche. Vor mir flirtet ein attraktives, etwa zwanzigjähriges Dornröschen der Neuzeit mit ihrem älteren Begleiter. Wer hat hier wen wachgeküsst? Lange, blonde Locken kringeln sich über ihre nackten Schultern, die er hin und wieder zart mit seinen Lippen berührt. Nach der ersten Pause kommen die Beiden nicht wieder. Küssen sie sich jetzt gegenseitig in den Schlaf?

Hier und da blitzt noch eine Digitalkamera auf, der eine oder andere führt ein letztes Telefonat. Und dann geht es endlich los. Musik und Tänzer nehmen mich mit in eine Märchenwelt. Zierliche Pirouetten und kraftvolle Sprünge. Prächtiges Bühnenbild und bunte Kostüme. Phantasiereiche Formationen. Bucklig, heimtückisch und schaurigschön in ihren tänzerischen Bewegungen - die böse Fee. Ihre hinterhältigen und listigen Gesten erzeugen Lacher im Publikum und damit Sympathie. Dornröschen schwebt leichtfüßig ins Traumreich. Mit hohen, weiten Sprüngen fliegt der Prinz wirbelnd über die Bühne. Wenn **er** es nicht schafft, Dornröschen wachzuküssen, wer sonst? Finale: Der gestiefelte Kater umschnurrt verspielt und kokett seine Katze. Rotkäppchen und der Wolf haben sich zum Fressen gern. Der Prinz macht Freudensprünge, weil Aschenputtel mit dem passenden Schuhwerk in der Lage ist, mit ihm durch dick und dünn zu gehen. Und Dornröschen kriegt natürlich ihren Prinzen und feiert mit dem ganzen Hofstaat Hochzeit. Am Ende gibt es viel Applaus, vor allem von den Kindern. Frenetischer Beifall für die böse Fee. Ja, das Böse kommt wieder mal am Besten an!

Interessante Fetzen eines Gespräches zwischen einer Polin und ihrer deutschen Freundin fliegen während der 2. Pause zu mir herüber: „Der Durchschnittsverdienst in Warschau beträgt 2.000 Sloty (etwa € 500,-). Viele, auch hochqualifizierte junge Leute, werden seit Jahren jeweils nur monatsweise beschäftigt, genießen keinerlei Sicherheit. Kapitalismus pur in einem ehemals sozialistischen Land!", meint die polnische Dame teils entrüstet, teils belustigt. Dann berichtet sie von ihrem ersten Kaufhausbesuch im Westen. Sie schildert ihn als Kulturschock, angesichts des riesigen Angebots an Damengarderobe. „Farblich sortiert und mit allen passenden Accessoires dekoriert. In der einen Ecke olivgrün, in der andern violett". Noch immer scheint sie das zu irritieren. Als typisch deutsch empfand sie damals, dass die Kundinnen gleich mehrere Teile aufeinander abgestimmt kauften. Für sie ein Ausdruck mangelnder Individualität. „Eine Polin würde das niemals tun," sagt sie kopfschüttelnd zu ihrer Begleiterin.

Kleine Helden

Insgesamt 23 Nationalparks gibt es in Polen, jeder hat seinen eigenen Reiz. Wir sind unterwegs zum Bialowieski-Nationalpark, der sich zu beiden Seiten der polnisch-weißrussischen Grenze erstreckt. Die Unesco hat das Gebiet als eines der letzten Urwälder Europas zum Weltnaturerbe erklärt. Seit Jahrhunderten darf hier alles wachsen wie es will. Die Natur feiert die ungewohnte Freiheit und bringt eine außergewöhnliche Vielfalt an Pflanzen und Tieren hervor.

Am späten Nachmittag brechen wir mit einem Naturführer auf, denn der größte Teil des Parks darf nur in professioneller Begleitung betreten werden. Trotz sommerlicher Temperaturen sind wir mit langen Hosen und Sweatshirt bekleidet und verströmen einen penetranten Duft nach Mückenschutzspray. Vor den aggressiven Mückenschwärmen wurden wir mehrfach gewarnt. Zum Beweis wurden uns dabei stets abwechselnd die mit Stichen übersäten Arme und Beine vorgezeigt. Schon nach zehn Minuten, die gesamte Tour dauert zwei Stunden, sehen wir alle Warnungen bestätigt. Besonders in mich scheinen die Biester vernarrt zu sein. Nur damit beschäftigt, die Mücken, wild um mich schlagend, abzuwehren, habe ich überhaupt kein Auge für den beeindruckenden Wald. Nach einer gewissen Zeit, mein Körper ist mit roten, rasch anschwellenden Punkten tätowiert, nimmt der Juckreiz langsam ab. Vielleicht eine erklärbare medizinische Reaktion, vielleicht aber auch nur Resignation. Nun bin ich wieder offen für die Urwaldriesen. Majestätische 500-Jahre alte Bäume. Eichen, Birken, Buchen, Linden, Eschen, Ulmen, Fichten - eine Vielfalt, wie wir sie in Deutschland nicht mehr kennen. Dunkel ist es hier unter dem dichten Blätterdach. Und still. Nur unsere vorsichtigen Schritte sind zu hören, ein leises Rascheln und Knacken. Umgestürzte, von Flechten überzogene, mächtige Bäume versperren uns immer wieder den Weg. Am Waldboden dichte Vegetation und überall der Duft nach Lindenblüten und Bärlauch. In die Baumrinde einer alten Eiche haben Spechte Tannenzapfen gesteckt. Am Abend salben wir unsere Mückenstiche und fühlen uns dabei ein wenig wie der Indianer, der, allen Gefahren zum Trotz, eine Feder aus dem Adlerhorst holt, damit aus ihr die Kraft und Intelligenz des Adlers zu ihm überströme und als sichtbares Zeichen des Mutes seinen Kopf schmücke. So fließt auch in uns für einen kurzen Moment die Ruhe, Kraft und Unsterblichkeit des Waldes. Die Mückenstiche sind dafür der sichtbare Ausdruck und ein angemessener Preis.

Was einem sonst so wichtig ist

Unruhig wälze ich mich im Bett, streiche über meinen gewölbten Bauch. Als junges Mädchen hatte ich dort, wo andere einen Bauch hatten, eine Kuhle. Zumindest, wenn ich auf dem Rücken lag. Jetzt gibt es dort eine kugelige Erhebung. Ich seufze. „Kannst Du auch nicht schlafen?" Peter knipst das Licht an und schaut zu mir herüber. Mit einem leichten Rülpser setze ich mich auf und schaue auf die Uhr. „Mein Bauch ist so voll. Und Sodbrennen habe ich auch!" Wir stehen auf und machen uns einen "Bullrichsalz-Cocktail". „Wir hätten nicht so viel essen sollen!" „Nee, aber es war doch so lecker." Einer Empfehlung folgend sind wir zu der romantischen Hotelanlage bei Kiermusy auf dem Land gefahren. Umgeben von Teichen und einem idyllischen Park, mit einem gepflegten Restaurant und mehreren Ferienhäusern. Clou der Häuschen: Jedes ist einem anderen alten Hand-werk gewidmet. Anschaulich stehen alte Geräte und Maschinen in den Vorgärten. Ganz begeistert sind wir bei unserem Abendspaziergang durch den Park. Dann geht es zum Essen. Üppig, wie immer in Polen. Frisch und vielseitig. Ich fühle mich an die bodenständige Küche meiner Großmutter erinnert. An eingelegten Hering, knusprige Gans und Markklößchensuppe. Das erwartungsvolle Schnuppern, wenn wir die Treppe zu ihrer Wohnung hinauf stiegen. Berge von Plätzchen, die ich in mich hineinstopfte, bis meine Mutter ärgerlich rief: „Jetzt stell' sie endlich weg, bevor ihr schlecht wird." Viel vernünftiger bin ich auch heute nicht. Das Restaurantmenü schmeckt so gut, dass ich kaum etwas liegen lasse. Zum Sattwerden hätte allein der Vorspeisenteller mit Pasteten, Schinken, Braten, Hering, Schmalz, Salami, Gurken und deftigem, noch warmen Brot ausgereicht. Es folgen aber noch eine samtige Pilzsuppe, zarte Truthahnschenkel in Rahmsauce, saftige Schweinsteaks, diverse Rohkostsalate in saurer Sahne, Bratkartoffel und in Knoblauch und Zwiebeln gedünstetes Gemüse. Auch die Desserts sehen verlockend aus. Schokoladenpudding, schwarz wie die Nacht. Sahnequark, weiß wie Schnee. Mit der Roten Grütze würde sich eine schöne Farbkomposition ergeben. Schneewittchenteller! Aber wir streiken. Mit einem Espresso und einem Gläschen vom hauseigenen Schnaps lassen wir den Abend ausklingen. Ungläubig fragt der Kellner, ob wir zum Kaffee wirklich nichts vom Apfelkuchen haben wollen, er komme direkt aus dem Ofen. Goldbraune, duftende Verführung, der ich dann doch nicht widerstehen kann. Peter gönnt sich eine Zigarre. Das tut er die letzte Zeit immer nach einem besonders guten Essen oder bei einem außergewöhnlichen Anlass. Argwöhnisch von mir registriert, denn Peter war früher Kettenraucher. Nach dreißig Jahren, hörte er von einer Stunde zur nächsten mit dem Rauchen auf. Dreizehn Jahre ist das nun schon her. Beginnt nun der schleichende Wiedereinstieg in die Abhängigkeit?

Immer noch satt, verzichten wir also am nächsten

Morgen aufs Frühstück und fahren zeitig los. Ziel ist das Kloster im Nationalpark Wigry, wo es auch einen passablen Campingplatz geben soll. Dort erwartet uns allerdings Touristenrummel mit dicht beieinander stehenden Wohnmobilen. Nichts für uns! Wir nutzen die nächste Möglichkeit zum Wenden. Danach klappern wir zwei Stunden lang alle Straßen in der näheren Umgebung ab. Aus Erfahrung klug geworden, folgen wir den vielversprechenden, aber unklaren Hinweisschildern nicht mehr mit dem Reisemobil, sondern parken das Fahrzeug am Straßenrand und gehen zu Fuß. Mehrmals war es uns nämlich passiert, dass der Weg in einer engen Sackgasse ohne Wendemöglichkeit endete. Kilometerlanges Rückwärtsfahren war dann angesagt. Eine knappe halbe Stunde später erreichen wir den einfachen Campingplatz direkt am See. Leider geschlossen. Fünf Kilometer für Hin- und Rückweg, an Bewegungsmangel leiden wir wahrhaftig nicht. Es dämmert bereits, und so kommt allmählich die bekannte Unruhe in uns auf. „Da vorne ist noch ein Campingzeichen." „Den schauen wir uns jetzt noch an, ansonsten übernachten wir hier in einer Seitenstraße," schlage ich vor. Fünf Minuten später haben wir unseren Traumplatz für die nächsten sechs Tage gefunden. Eine einfache Wiese auf einem Bauernhof am Pietry-See. Direkt bis zum Bootssteg dürfen wir vorfahren. Breitbeinig steht der Bauer vor uns und gibt uns mit Gesten zu verstehen, Eier und Gemüse gäbe es bei ihm. Dann zeigt er auf das Boot und macht eine Bewegung, als würde er eine Angelschnur auswerfen. Peter ist begeistert: „Dann komme ich hier ja endlich mal zum Angeln!"

Ganz früh am nächsten Morgen packt er eine Thermoskanne mit Kaffee und ein paar Brote ein und fährt hinaus auf den See. Ich stehe auf dem Steg und schaue ihm nach. Immer kleiner wird das Boot, bis es irgendwann im Schilf auf der gegenüberliegenden Uferseite verschwindet. In der Nacht hat es geregnet und die Luft ist kühl. Ich atme tief ein. Ein Glückgefühl durchdringt mich und wabert wieder davon, wie der Morgennebel, der vorüberzieht. Erste Sonnenstrahlen streicheln das Wasser und tropfen als Spiegelungen am Ufergrün herab. Irgendwo bellt ein Hund. Vögel hüpfen von Schilfrohr zu Schilfrohr. Langsam steige ich die Leiter am Steg hinunter, tauche ein in den See, werde eins mit ihm. Durch das Wasser gleitend, treibe ich kleine Wellen vor mir her. Ein grüner Teppich aus Teichrosen, die gelben Blüten schon leicht geöffnet, umschlingt mich sanft, um mich gleich wieder freizugeben. Wie das leichte Streifen einer Hand im Vorübergehen. Der Wind kräuselt kleine Inseln aufs Wasser. Wolkenfetzen und ihre Spiegelbilder ziehen schnell vorbei. Ich drehe mich auf den Rücken, lasse mich treiben. Aus dem Ufernebel erscheint ein Schwan, Sekunden später schon wieder vom Schilf verschluckt. Unwirklich. Wie eine Fata Morgana. Wie alles hier an diesem Morgen. Und doch wirklicher, als all die Dinge, die einem sonst so wichtig sind.

Eine Jugendgruppe hat auf der Wiese ihre Zelte aufgeschlagen. Zwanzig Jungen und Mädchen im Teenageralter. Ihr Tag beginnt mit Frühsport. Zehn Liegestützen, auch für die Mädchen. Ihre Arme zittern, sie stöhnen, aber sie geben nicht auf. Dann laufen sie in Zweierreihen zum Tor hinaus, um nach einer Stunde schweißgebadet zurückzukehren. Feuermachen, kochen, spülen – die Zuständigkeiten sind klar geregelt. Ein wenig erinnern uns die Abläufe an militärischen Drill. Zweimal am Tag sitzen die jungen Leute im Kreis zusammen und unterhalten sich mit ernsten Gesichtern. Neugierig beobachten wir die Gruppe. Ein Mädchen weint und wird von ihrer Nachbarin getröstet. Später springen die Jungen ausgelassen vom Steg ins Wasser und brüllen dabei übermütig. Einer schwimmt weit auf den See hinaus, ignoriert die Rufe seiner Freunde. Erst als es schon dunkel ist, kehrt er zurück. Irgendwann grüßt uns einer aus der Gruppe auf Deutsch. Es ist der betreuende Sozialarbeiter. Jeder der Jugendlichen hätte bereits eine bewegte Vergangenheit hinter sich, klärt er uns auf. Viele von ihnen seien alkohol- oder drogenabhängig gewesen. „Der sechswöchige Aufenthalt unter einfachsten Bedingungen und in Abgeschiedenheit soll Disziplin lehren und Erfolgserlebnisse vermitteln", erzählt uns der engagierte junge Mann. Er bittet uns, keinen Alkohol in Sichtweite der Jugendlichen zu trinken. Wir haben uns gerade mit zwei Dosen Bier auf dem Steg niedergelassen, um den Sonnenuntergang zu bewundern. Natürlich bringen wir die Getränke zurück ins Reisemobil. Der Himmel, vielleicht erfreut über unsere Abstinenz, entflammt. Lodernde Wolken. Der See, wie flüssiges Gold. Langsam rollt die Sonne hinter den Horizont. Landschaft nun auf scharfe Konturen reduziert. Im Wasser klare Reflektionen. Graphisch. Tintenklecksbilder.

Angelika und Hajo heißen die beiden Camper, die am nächsten Tag anreisen. Ins Gespräch kommen wir durch deren Hund Freddy. Ein lebhafter und drolliger Schnauzermischling mit struppigen, goldbraunen Fell. Sein Herrchen behauptet, der Hund verstünde polnisch. Zum Beweis hält er ihm die Hand hin und sagt „Dzien Dobry". Und Freddy gibt ihm natürlich die Pfote. Peter und Hajo fachsimpeln und fahren ein paar Mal zusammen mit dem Boot hinaus auf den See. Riesige Zander, Hechte und Barsche soll es hier geben. Das behauptet jedenfalls der Bauer. Die beiden Männer fangen allerdings nur ein paar kleine Rotfedern. Bisher haben wir auf unserer Reise wenig Bekanntschaften geschlossen. Eigentlich sonst eher kontaktfreudige Typen, stellen wir verwundert fest, dass wir nichts vermissen. Im Gegenteil, wir genießen die Zweisamkeit. Im Beruf waren wir beide ständig unter Menschen, mussten uns auf Kunden, Kollegen, Mitarbeiter und Chefs einstellen, wurden teilweise zwischen ihnen zermahlen. Von diesen Zwängen sind wir nun befreit. Neben dem Privileg Zeit zu haben, ist die Selbstbestimmung für uns, unter allen Vorzügen unserer jetzigen Lebensweise, die größte Freiheit. Ein Geschenk. Eine Chance. Ein Glück.

Grenzüberschreitungen

Als wir ein paar Tage später aufbrechen, stehen die Jugendlichen Spalier und winken uns zum Abschied zu. Angelika und Hajo mussten wir versprechen, auf der Fahrt durch Deutschland bei ihnen vorbeizukommen. Sie sind bereits seit gestern unterwegs ins Baltikum.

Unser nächstes Ziel ist Goldap, im äußersten Nordosten Polens, unweit der russischen Grenze. Ein herrlicher See und ein großzügiger Campingplatz verführen uns dort erneut zu einem mehrtägigen Aufenthalt. Kaum angekommen, sprechen uns deutsche Wohnmobilisten an und warnen mit besorgter Miene vor zu unbekümmerten Bootsausflügen. Ein Teil des Gewässers sei schon russisches Gebiet und Grenzüberschreitungen würden hart bestraft. „Mindestens drei Tage lassen die unsereins im Gefängnis schmoren," schimpft der Mann im bayrischem Dialekt. „Ohne Bakschisch kummst da nimmer raus!"

Und wieder begegnet uns ein Jugendlicher mit Vergangenheit auf seinem Weg in eine hoffentlich bessere Zukunft. Diesmal ein 17-jähriger Junge aus Deutschland. Freundlich grüßt er uns, erkennbar um gute Umgangsformen bemüht. „Ihr braucht keine Angst zu haben und könnt euer Wohnmobil offen lassen. Geklaut habe ich nicht," klärt er uns gleich auf. „Mein Problem ist Gewalt. Ich lass mich zu leicht provozieren. Hab dann ein paar Mal zugeschlagen.

Die sahen dann ziemlich schlimm aus und mussten für ein paar Tage ins Krankenhaus." Ganz offen spricht er über seine Situation. Dabei streicht er sich ständig nervös über den Nasenrücken. Alle bisherigen Strafen haben nichts genutzt. Nun bekommt er in dieser abgelegenen Region Polens eine letzte Chance. Ein deutschsprechender polnischer Lehrer unterrichtet ihn und ist für ihn verantwortlich. Sich an einen definierten Tagesablauf gewöhnen, Disziplin lernen, auf seinen Hauptschulabschluss hinarbeiten, das sind die Ziele. Wir hegen Zweifel an der Wirksamkeit dieses Projekts. Nur vormittags gibt es Pflichten für den Jugendlichen, nämlich der regelmäßige Besuch des Unterrichts. Die übrige Zeit ist er mehr oder weniger sich selbst überlassen. Einsam scheint er zu sein, hängt sich an Peter ran, will mit ihm zum Angeln raus fahren. Als er Peters Zögern bemerkt, verabschiedet er sich höflich und lässt sich nicht mehr blicken. Wir fühlen uns schlecht.

In Goldap soll es ein Internet-Café geben, doch wo genau, konnte uns wieder mal keiner sagen. In den ersten Jahren unseres Dauerreisens ist das Telefonieren oder Mailen aus dem Ausland oft mit Hindernissen verbunden und teuer. Später wird durch WiFi, Internet-Sticks und Smartphones alles einfacher. Jetzt, hier in Goldap, ist mal wieder Pfadfinderspürsinn gefragt. In Hotels und in Computer- oder Telefonläden ist die Wahrscheinlichkeit am größten, eine kompetente Wegbeschreibung zu erhalten. Das haben wir gelernt, nachdem wir mehrmals von einem Ende der Stadt zum anderen geschickt wurden. Es gibt erstaunlich viele Internet-Cafés in Polen. Oft sind sie in Kellern oder Hinterhöfen versteckt. Schmutzig, schäbig, dunkel, muffig. Manchmal bietet auch eine Kneipe Internetservice an. Dann können wir bei einem Glas Bier ganz entspannt unsere Bankdaten abrufen. Endlich haben wir das hiesige „Kawa Internetowa" gefunden. Es ist freundlich gestaltet und gut besetzt. Eine Frau mittleren Alters schreibt Bewerbungen. Einige Kinder machen Computerspiele. Höchst konzentriert starren sie auf den Bildschirm, lassen die Maus flink über den Tisch huschen und virtuelle Gegner sterben. Blutüber-strömt bricht der Kämpfer zusammen. Ausgelöst von einer winzigen Bewegung des rechten Zeigefingers. Peter fragt die junge Dame am Tresen, ob wir unseren Laptop direkt anschließen können, weil es WiFi nicht gibt. Nur so können wir Bankdaten und Mails replizieren, um auf dem neuesten Stand zu sein. Sie zuckt mit den Schultern. Wieder mal kriecht Peter unter den Schreibtisch und stöpselt unser Notebook ein. Das Mädchen staunt. Nun fehlt nur noch die IP-Adresse. Da kennt es sich wieder aus. Tatkräftig greift die junge Dame über Peters Schulter hinweg zur Maus. Klick, klick, klick – mit schlafwandlerischer Sicherheit hat sie das Eingabefeld gefunden. Sie beherrscht das Betriebssystem so gut, dass die Sprache keine Rolle spielt.

Minuten später erscheint auf dem Bildschirm „Unbekannter User". Wir können unsere Mails nicht mehr abrufen. Auch weitere Versuche bleiben erfolglos. „Was ist denn da nun wieder passiert?" flucht Peter.

Es ist der Beginn einer Odyssee durch den Service-Dschungel eines renommierten deutschen Providers. 24-Stunden-Service-Hotline. Warteschleife, 15 Minuten lang! Und das mit dem Handy aus dem Ausland! Tagelang versuchen wir es immer wieder. Erfolglos. Über die Warteschleife kommen wir nicht hinaus. Ein paar Mal wird die Verbindung einfach gekappt. Natürlich erst nach profitabler Verbindungszeit. „Im Moment sind alle Leitungen belegt. Versuchen Sie es später noch mal." Schließlich stellen wir uns für morgens 4.00 Uhr den Wecker. Zu dieser Zeit können ja noch nicht alle Leitungen belegt sein. Diese einfache Logik musste zu Fehlschlüssen führen, denn wir haben einen Faktor dabei nicht berücksichtigt, nämlich die Profitgier. Auch jetzt hängen wir in der Warteschleife. Schlaftrunken wechseln wir uns ab. Einmal lauscht Peter der netten Telefonstimme, dann wieder ich. Endlich, nach 35 Minuten, meldet sich eine männliche Stimme im antrainierten Service-Jargon. Nachdem Peter ihm das Problem geschildert hat, meint er: „Das scheint ein technisches Problem zu sein, da müssen sie den Technischen Service anrufen. Ich gebe Ihnen mal dessen Hotline-Nummer." „Können Sie mich nicht direkt verbinden?" „Tut mir leid, das dürfen wir nicht." Das Spiel beginnt von vorne. Hotline. Warteschleife. Tagelang. „Also mit der Technik hat das nichts zu tun. Wahrscheinlich stimmt etwas mit der Rechnung nicht. Rufen Sie die Abrechnungsstelle an." „Dann geben Sie mir doch bitte die Durchwahl der zuständigen Person." „Sorry, das dürfen wir nicht." Wir sind der Verzweiflung nahe. Wieder Hotline. Warteschleife. Leitung gekappt. Unzählige Male. Irgendwann ist Peter tatsächlich zur Abrechnungsstelle vorgedrungen und spricht mit keiner virtuellen, sondern einer menschlichen Stimme. „Sie haben den Vertrag doch gekündigt," klärt ihn die Dame auf. „Das wüsste ich aber! Wir haben Ihnen nur unsere neue Adresse mitgeteilt!" Sie kramt hörbar in Unterlagen. „Tatsächlich! Da ist wohl etwas schiefgelaufen!", gibt sie zu. „Dann reaktivieren Sie nun bitte unseren User." „Tut mir leid, das geht nicht. Wir müssen Ihre Zugangsberechtigung komplett neu einrichten." „Und was bedeutet das?" „Wir schicken Ihnen die Antragsunterlagen zu, Sie senden alles unterschrieben an uns zurück. Danach erhalten Sie einen PIN zur Aktivierung." „Sie haben doch schon alle Unterschriften. Wir sind für längere Zeit im Ausland und können nichts unterzeichnet zurücksenden. Außerdem müssen wir dringend an unsere Mails ran." „Hmm, na gut, dann mache ich das mal ausnahmsweise ohne Unterschrift. Aber den PIN muss ich Ihnen zuschicken." „Und wer ersetzt uns nun die Telefonkosten?" „Schreiben Sie an unsere Beschwerdestelle. Mehr kann ich nicht für Sie tun." Später stellen wir fest, dass mit dem alten User auch unsere gesamten bis dahin aufgelaufenen Mails gelöscht wurden. Unsere Handy-Rechnung beträgt nahezu €300. Ach ja, beschwert haben wir uns auch. Zweimal sogar. Außer automatischer Eingangsbestätigungen gab es nie eine Reaktion.

Reise in die Vergangenheit

Masuren. Wir fahren durch eine Landschaft, die von Feldern und Wiesen durchzogen ist. Weizen schaukelt im Wind. Daneben kleine Parzellen mit Kartoffeln, Kohl und Rüben. Unregelmäßige Äcker, der Landschaftssilhouette, der Bebauung angepasst. Häuser ducken sich hinter Erd- oder Buschwällen. In den Gärten Erdkeller und bunte Blüten hinter Lattenzäunen. Zwischen Sonnenblumen und Stockrosen wachsen Zwiebeln, Karotten und Kohlrabi. Das Ästhetische und das Nützliche in vollkommener Harmonie. Im Hof jagt der angekettete Hund hinter ein paar Hühnern her, die ihm beim Picken zu nahe gekommen sind. Weit kommt er nicht. Das Federvieh nimmt es gelassen und geht einfach weiter. Mit einem provozierenden Zögern in jedem Schritt. Nur die Gänse kreischen aufgeregt. Rote Handtücher und eine karierte Decke flattern auf einer Leine zwischen zwei Bäumen. Aus dem Schuppen dringt das Geräusch einer Säge. Wir müssen nur lange genug warten und schauen. Irgendwann wird der kleine Junge mit einer Scheibe Zuckerbrot aus dem Haus treten. In kurzen Hosen und zu kleinen Schuhen. Er wächst einfach zu schnell. Nun leckt er sich über den Mund und klatscht sich den Zucker von den Händen. Erwartungsvoll blinzelt er dem Tag entgegen. Abenteuer Leben.

Auf der Fahrt durch diese Idylle leuchten immer wieder Seen auf. Mal hinter Bäumen versteckt, mal bis zum Horizont funkelnd. Verschwiegene. Belebte, mit fröhlichen weißen Segelboottupfen. Versumpfte. Glasklare. Algentrübe. Moorbraune. Einsame, wo nur das Surren der Libellen zu hören ist. Und solche, über die Frittenduft zieht. Wir tingeln von einem See zum nächsten. Baden, planschen, angeln, rudern. Es ist das Leben am Wasser und im Freien, das wir uns immer gewünscht haben. Einfach und ursprünglich. Die manchmal kühlen Temperaturen nehmen wir in Kauf. Nur wenn es regnet und stürmt, ziehen wir uns in unser Reisemobil zurück. Draußen sammelt sich Wasser auf den Wegen, bildet kleine Seen. Windböen rütteln an unserem Fahrzeug und pfeifen drohend. Regen prasselt aufs Dach. Drinnen ist es warm und gemütlich. Bei heißer Schokolade und frisch gebackenen Waffeln.

In Deutschland wurden sie dem Fortschritt geopfert, hier gibt es sie noch – die schönen Alleen. Baumtunnel reiht sich an Baumtunnel. Vereinzelt fallen Lichtpunkte durch das Grün und tanzen auf der Straße. Geborgen, wie in einer Höhle, fühlt man sich im Schutz der uralten, zerfurchten Eichenstämme. Wir ruhen im kühlen Schatten des dichten Blätterdachs, um dann weiter zu gehen in die von den Baumreihen vorbestimmte Richtung. Militärisch streng die Parade der Pappeln. Struktur und Ordnung inmitten des überreichen Chaos der Blumenwiese. Heiter und licht das filigrane Dach der Birken. Süß duftend der Baldachin aus Lindenblättern. Lange Schatten wechseln mit goldenen Strahlenbündeln. Am Ende des

Tunnels lockt helles Licht. Hoffnung, Erkenntnis, Erlösung.

„Jeder 4. Storch auf der Welt ist ein Pole!" lesen wir im Reiseführer. Und tatsächlich – Störche wohin man schaut. Auf Dächern, Schloten und Masten. Am Himmel, auf der Straße und auf den Wiesen. Der schon recht große Nachwuchs reckt und streckt sich. Endlich erste, noch unsichere Flugversuche. Begeistert beobachten wir die Tiere. Störche sind in Geschichten, Liedern und Gedichten durch unsere Kindheit gestakt. Das fällt uns jetzt erst auf, beim Anblick der realen Exemplare.

Natürlich schwelgen wir in Nostalgie angesichts der unberührten Natur, der alten Häuser und Alleen. Sogar klassische Heuhaufen sieht man noch und hin und wieder Pferdefuhrwerke. Kindheitsträume von einem endlosen Sommer, der in Zeitlupe verrinnt. Der Geruch nach Kohlefeuerung weckt die Erinnerung an Großmutters gemütliche Küche, in der es immer zu warm war. Dass der Qualm unsere Atemwege reizt, verdrängen wir in unserer Euphorie. Uns ist bewusst, dass wir Armut und Zerfall nostalgisch verklären. Trotzdem gönnen wir uns hin und wieder dieses zufriedene Schwärmen. Stillen unserer Sehnsucht nach Ursprünglichkeit. Nur für diesen Moment. Bis uns die Wirklichkeit wieder einholt. Vielleicht schon im nächsten Dorf, wo abgemagerte Männer morgens auf den Treppen vor ihren Häusern sitzen, die Bierdose fest gegen die Brust gedrückt.

Bei einem guten Roten

„Alle Einkäufe erledigt?" fragt eine Stimme hinter uns. Wir stehen an der Kasse eines Supermarktes in Gizycko. Erstaunt drehen wir uns um. Dort feixen Angelika und Hajo: „So schnell werdet Ihr uns nicht los." Zurück aus dem Baltikum lassen sie ihren Urlaub in Masuren ausklingen. Schnell machen wir einen Treffpunkt aus, denn wir sind uns einig: Heute Abend wird gemeinsam gekocht. Peter hat Appetit auf frisches Hähnchen. Die gibt es in Polen in Metzgereien, die ausschließlich Geflügel anbieten. Frisch und prall liegen die riesigen Exemplare in der Theke. „Für vier Leute brauchen wir aber zwei!" interveniert Peter. „Zwei von diesen Riesendingern? Das verkraftet der Grillmotor bestimmt nicht!" „Das Grillen lass mal meine Sorge sein!" Vollbepackt kommen wir auf dem einfachen Zeltplatz direkt an einem glasklaren See an. Außer einem Plumpsklo gibt es keine Infrastruktur. Angelika und Hajo sind bereits da und planschen im Wasser. Sogar Freddy nimmt ein Bad. Laut bellend schwimmt er von einem zum andern. Ausgelassen wie Kinder schließen wir uns dem Treiben an. Dann bereiten wir das Essen vor. Angelika zaubert lauter Köstlichkeiten in ihrer Wohnmobilküche. Knoblauchbutter, Chilisauce, Bruschetta. Ich sitze am Campingtisch und schneide Tomaten für den Salat. Aus den Augenwinkeln schaut Peter zu mir herüber. Der Grillmotor ächzt unter der schweren Hähnchenlast, ein Schenkel löst sich immer wieder aus der Klammer und hängt dann für einen Moment baumelnd herunter. „Zu einem guten Essen gehört ein schön gedeckter Tisch." Angelika legt ein großes blaues Tischtuch auf. Das passt im Farbton genau zu unseren Tellern. Lange sitzen wir draußen in der lauen Sommernacht. Sogar die Mücken schenken uns ein paar Stunden Waffenruhe.

„Anregende Gespräche, ein leckeres Menü und ein guter Roter – was will man mehr?" Peter klopft das Kopfkissen auf und lehnt sich zufrieden dagegen. Ich stimme ihm nachdenklich zu. Erinnerungen an unsere jährlichen Gartenfeste und die vielen Abende mit Freunden bei uns im Haus tauchen auf. „Ein bisschen fehlt es mir doch." „Was?" fragt Peter. „Das Gästebewirten!"

Schon zwei Wochen später habe ich dazu Gelegenheit. Unsere Freunde Margot und Bernd wollen uns für ein verlängertes Wochenende mit dem Motorrad in Polen besuchen. Als Treffpunkt scheint uns Krutyn ideal. Hier gibt es Pensionen und Restaurants, einen idyllischen See zum Baden und einen klaren, malerischen Fluss, auf dem man paddeln kann. Jetzt brauchen wir nur noch einen Stellplatz für unser Reisemobil. Einen geeigneten Campingplatz gibt es nicht, aber der Parkplatz eines Bootsverleihers gefällt uns gut. Er liegt ruhig an einer Wiese und bietet rustikale Tische und Bänke. Sogar Wasser können wir hier tanken. Freundlich begrüßt uns der Chef, er spricht ein wenig Deutsch. „Kein Problem, kannst bleiben, solange Du willst. Wasser dort hinten, aber nix Strom.

Nachts machen Kette vor Parkplatz. 20 Sloty o. k.?"

Auf den ersten Blick wirkt das Dorf touristisch überlaufen. An der Hauptstraße Verkaufsstände mit schöner Keramik und handgearbeiteten Spitzendecken. Die Nebenstraßen sind dagegen noch sehr authentisch. Verschlafen und beschaulich muten sie an. Zwischen den Häusern Sandwege und auf einer Wiese ein Fohlen. Am Abend schlendern wir zu einem Biergarten direkt am Fluss. Etwas angeheitert machen wir uns im Dunkeln auf den Rückweg. Noch etwa 50 m vom Parkplatz entfernt sehen wir ein entgegenkommendes Reisemobil den linken Blinker setzen. Geistesgegenwärtig spurtet Peter los und kommt gerade noch rechtzeitig, um die Camper auf die alte verrostete Kette aufmerksam zu machen, die quer über der Einfahrt gespannt ist. Die Beiden heißen Ingrid und Werner, kommen aus München und sind uns auf Anhieb sympathisch. Erst als wir Frauen die typisch weibliche Fröstelstellung einnehmen, beschließen wir, das Gespräch im Fahrzeug bei einer Flasche Rotwein fortzusetzen. Irgendwann erwähnt Werner, dass er schon siebenmal Südafrika besucht hat. Sehnsucht spricht aus seiner Stimme. Ganz weit weg ist er in diesem Moment. „Wir haben unsere Multivisionsshow über Südafrika auf dem Laptop. Wollt Ihr sie sehen?" fragt Peter. So kommt es, dass auf einem Parkplatz in Polen, aus einem deutschen Reisemobil, nachts um 12 Uhr, afrikanische Rhythmen erklingen.

Anruf von Bernd: „Wir fahren jetzt los. Morgen

Abend müssten wir bei Euch sein, wenn alles klappt!" Wir nutzen den Tag für Vorbereitungen: Zimmer buchen, Kanus mieten, Paddeltour ausarbeiten, Reisemobil putzen, Vorräte einkaufen. Margot ist eine Freundin aus Jugendtagen. Die Schwester meiner ersten Liebe. Nach der Trennung aus den Augen verloren und später wiedergefunden. Teil meiner Wahlfamilie. Fast gleichzeitig zogen wir von zu Hause aus und mit dem Partner zusammen. Die erste eigene Wohnung. Einrichten. Kochen. So etwas verbindet. Zu Viert in einem Bauernhaus am Atlantik. Lange musste sich jeder Urlaub an diesem messen lassen. Muscheln bürsten und Knoblauch schälen. Kühe vorm Haus und leere Rotweinflaschen auf dem Kamin. Gemeinsam in der Hängematte und über die Wellen. Noch heute höre ich den Ruf des Händlers am Strand: „Gigi, Beignets, Eskimo-Glace!" Zwanzig Lenze zählten wir damals. Sonne, Strand und Meer. Mehr erwartete ich nicht von einem Urlaub. Keinen Reiseführer, aber den Aquarellmalkasten im Gepäck. Drei Wochen Frankreich ohne eine einzige Besichtigung, ohne ein einziges Wort über dieses Land zu lesen. Wie anders reise ich heute. Und doch waren die Erlebnisse damals sehr intensiv. Alles drehte sich nur um das eigene Erleben. Geschichtliche Hintergründe, Wirtschaft und Politik waren mir egal. Ich wollte das, was mir an dem Land gefiel, aufsaugen und in Deutschland noch eine Weile davon zehren. Es ging mir nicht um intellektuelles Recherchieren, Analysieren, Bewerten und Verstehen. Aber vielleicht stimmt es ja, dass man mit dem Herzen sowieso mehr versteht. Andererseits: „Nur wer weiß, sieht", meinte schon Goethe.

Endlich sind sie da, müde von der langen Motorradfahrt. 1.300 km in anderthalb Tagen. Es kommt mir ewig vor, dass wir uns nicht gesehen haben. Verbindung in eine andere Welt. Lange sitzen wir draußen. Essen, trinken, erzählen. Der Alltag in Deutschland geht weiter, das wird deutlich. Und ich empfinde, auf eine andere Weise als bisher, die Endgültigkeit unserer Entscheidung. Ein leises Bedauern, ein kaum wahrnehmbares Gefühl des Ausgeschlossenseins. Neues beginnen, bedeutet eben auch Altes aufgeben.

Margot und Bernd haben das Paddeln gut raus. Peter sowieso. Nur ich tue mich anfänglich immer etwas schwer. Mein Körper muss erst überzeugt werden, die ungewohnten Bewegungsabläufe zu akzeptieren. Nach einer Weile klappt es aber recht gut. Margot und Bernd machen Tempo. Immer kleiner wird das Boot der Beiden, um dann hinter der nächsten Flussbiegung zu verschwinden. Peter und ich lassen uns in der leichten Strömung treiben. Stille umgibt uns. Nur leises Gurgeln unter dem Kiel. Glasklares Wasser, durch das unzählige Muschelschalen schillern. Baumstümpfe lauern wie Krokodile im Wasser. Ab und zu lässt sich eine stahlblaue Libelle auf meinem Handrücken nieder. Umgefallene Bäume müssen umpaddelt werden. „Vorsicht! Kopf einziehen!", ruft Peter mir zu. Durch naturbelassene Landschaft schlängelt sich der Fluss, vorbei an sumpfigen Wiesen und alten

Kiefern. Richtig anstrengend wird es, als er einen See passiert. Hier endet die Strömung, außerdem ist kräftiger Wind aufgekommen. Unser Ziel ist Iznota, eine ungewöhnliche Park-, Hotel- und Campinganlage. Dunkle Gewitterwolken sind aufgezogen und lassen die riesigen Holzfiguren am Ufer noch bedrohlicher erscheinen. Aus Baumstämmen geschnitzt, bewachen Krieger und Göttinnen den See, lauern Ungeheuer oder Schlangenfrauen hinter Bäumen. Überall im Park sind ausdrucksstarke Skulpturen aufgestellt. Gegen eine geringe Eintrittsgebühr kann man hier schwimmen und picknicken. Eigentlich wollten wir im Restaurant essen, angesichts der Wetterlage entscheiden wir uns jedoch für den schnellen Rückweg. Das Gewitter bleibt dann zwar aus, aber in der Nacht fällt schwerer Regen. Früh am nächsten Morgen brechen wir auf und spazieren durch den immer noch tropfenden Wald zu einem der Moorseen. Schwarz liegt das Seeauge inmitten hellgrüner Wiesen, von Tannen und Lerchen umsäumt. Feuchte Inseln aus Gras und Schilf täuschen Sicherheit vor, geben aber unter jedem Schritt nach. Am Abend, Sonnenuntergang an einem anderen idyllischen See. Weit brauchen wir dafür nicht zu laufen. Ein Bad im angenehm warmen Wasser, Rotwein, Käse, Baguette. Wie in alten Zeiten.

Einmal in einem Schloss übernachten! Den Hauch der Geschichte spüren. Es gibt unzählige Schlösser in Polen. Sind manche schon aufwändig restauriert, verfallen andere jedes Jahr ein wenig mehr. Unaufhaltsam, wenn sich keine Investoren finden. Touristisch stark frequentiert die einen. Verträumt, verschlafen die anderen. Das Schloss Sorkwity passt in keines der beiden Kategorien. Das Backsteingebäude mit seinen vielen Erkern und Türmen ist in recht gutem Zustand, aber weit davon entfernt, eine toprestaurierte Adresse zu sein. Die Zimmer sind mit einfachen Mitteln renoviert und spartanisch möbliert. Früher war das Anwesen festlicher Mittelpunkt für Bälle und Empfänge. Der einstige Gutsherr avancierte zu einem engen Vertrauten Bismarcks. Im Sozialismus ging es dann als Betriebsferienheim weniger feudal zu. Jetzt ist es wieder in privater Hand und zu einem Ausflugs- und Seminarhotel ausgebaut. Den alten Glanz wird es wohl nie wieder erreichen. Während Bernd und Margot in einem riesigen Zimmer mit Blick auf den See residieren, dürfen wir mit unserem Reisemobil auf einer Wiese mitten im Park, direkt vor dem Schloss übernachten. Noch ein Spaziergang am Abend zu einem vorzüglichen Restaurant, am nächsten Morgen ein gemeinsames Frühstück im Hotel, dann heißt es auch schon wieder Abschiednehmen. Ein letztes Winken, dann brausen Margot und Bernd davon. Lange schauen wir ihnen nach, bis der Wald sie an der nächsten Straßenbiegung verschluckt.

In Beton gegossener Irrsinn

„Wir müssen unbedingt mal wieder waschen. Lass uns heute auf einen Campingplatz fahren", schlage ich vor. Überraschend viele Plätze sind schon geschlossen, dabei ist es erst Ende August. Endlich, bei der dritten Adresse haben wir Glück. Sofort mache ich mich an die Arbeit. Aber kaum ist die Wäsche gewaschen, fängt es auch schon zu regnen an. „Mist!" Also ist mal wieder „Moderne Kunstinstallation" angesagt. Wandelgang durch bunte Tücher. Hemden über dem Lenkrad und über Türen. Schlüpfer an Türknöpfen, Haken und Fenstergriffen. Handtücher, eingeklemmt in Schubladen und Bücherregalen. An den Scheiben kondensiert das Wasser und es riecht nach Waschpulver.

Erst am übernächsten Tag ist alles trocken und wir können weiterfahren. Unterwegs kaufen wir Steinpilze am Straßenrand. Überall sieht man Leute mit Eimern, Körben und Plastiktüten durch den Wald schlendern. Herbstzeit ist Pilzzeit, ganz besonders in Polen. Auf einem umgestülpten Eimer sitzt eine alte Frau in Trainingshosen und dickem Wollpullover. Als wir uns ihr nähern, lächelt sie uns freundlich entgegen. Sie füllt die Pilze aus einem Glas in eine Plastiktüte, die sie uns dann mit einem auffordernden Nicken reicht. Ihre Hände, von Gicht gezeichnet, sehen viel älter aus als ihr Gesicht.

Abends braten wir die riesigen Pilze mit Zwiebeln

und Knoblauch und einem Schuss Sahne. „Soll ich sicherheitshalber die Notrufnummer im Handy speichern?", scherzt Peter. Wir stehen auf dem Parkplatz der Wolfsschanze, um dort zu übernachten und morgen in aller Frühe die Bunkeranlage zu besichtigen. „Mmh, das war lecker. Jetzt brauche ich frische Luft. Lass uns mal rausgehen und die Beine vertreten." Peter tupft sich mit der Serviette über den Mund und räumt dann den Tisch ab. Obwohl es bereits Abend ist, herrscht immer noch Touristenrummel. Viele Reisebusse, eine Gruppe italienischer Wohnmobilisten und – wir sind etwas irritiert – ein polnischer VW-Club. Stolz präsentieren die Besitzer der Käfer und VW-Bullis ihre Fahrzeuge und fachsimpeln. Teilweise stehen hier echte Raritäten. Für ein Oldtimertreffen gibt es wahrhaftig schönere Orte. Warum also gerade hier? Die simple und unschöne Erklärung drängt sich auf, als uns in der Nacht laut gegrölte Nazilieder wecken. Geschockt und empört können wir nicht mehr einschlafen.

In Beton gegossener Irrsinn. Hitlers Hauptquartier, seine Festung. Hier lebte er seit 1941 im Schutz von bis zu acht Meter dicken Wänden und Decken. Seine Angst muss groß gewesen sein. Bei Kriegsende zerstört mit einer Sprengkraft, die sogar eine Kirche in acht Kilometer Entfernung teilweise zum Einsturz brachte. Geblieben sind gigantische Trümmerberge, die nicht abgetragen werden können. Aus ihnen wachsen Schlangennester aus verrosteten Eisenstreben. Stufen führen ins Nichts oder in dunkle Gänge. Dazwischen tollen Kinder. Für sie ist das alles nur ein riesiger Abenteuerspielplatz. Kinderspiel als Verharmlosung des Ortes oder als Sieg des Lebens über den Wahnsinn des Kriegs? Sogar die Natur ist zur Tagesordnung übergegangen und lässt in der ihr eigenen ruhigen Beharrlichkeit im wahrsten Sinne des Wortes Gras über die Geschichte wachsen. Aus allen Ritzen und Spalten sprießen Bäume und Sträucher. An den Trümmern Muster aus Flechten und Moos. Wir aber haben genug! Fliehen geradezu aus den unzerstörbaren Betonkolossen. Aus dem „Tausendjährigen Reich des Irrsinns" ebenso, wie vor nächtlichen Naziliedern.

Immer noch aufgewühlt kann ich auch die folgende Nacht nicht schlafen. Wir stehen auf einem Campingplatz direkt an einem malerischen See. Unruhig wälze ich mich hin und her, bis ich schließlich aufstehe. Ein kleiner Spaziergang wird mir guttun. Draußen ist es mondhell und kühl. Fröstelnd schließe ich meine Jacke, während ich hinunter zum Wasser gehe. Durch meine Schuhe spüre ich die Nässe der Wiese. Hinter dem silbern glänzenden See hebt sich die Dorfsilhouette ab. Gedankenverloren blicke ich zum Mond hinauf. Ganz klar ist es heute. Ich suche den Großen Wagen, das einzige Sternbild, das ich kenne. Mir fallen wieder meine Emotionen beim Blick in den südafrikanischen Abendhimmel ein. Ein Gefühl der Fremdheit überkam mich damals. Nur für Sekunden spürbar, aber deutlich. Es scheint, als hätte man tief im Unterbewusstsein, oder wo auch immer, eine Kopie des heimischen Sternenhimmels abgelegt. So, dass man ihn intuitiv erkennt, auch ohne etwas über die einzelnen Sternbilder zu wissen. Ich schließe die Augen, strecke mich und atme die würzige Luft. Plötzlich, ein Rascheln. Aus dem Schilf schwimmt eine Entenfamilie. Mutter, Vater und sieben Junge. Im Mondlicht gleiten sie über den See. Ein friedliches Bild. Lächelnd kehre ich um. Vorbei an einem Zelt, aus dem laute Schnarchgeräusche dringen. In einem anderen brennt noch Licht und malt Schattenspiele an die Zeltwand. Langsam kriecht die Kälte meiner nassen Füße in die Beine. Es tut gut, diese ganz alltäglichen Dinge wahrzunehmen. Sie besänftigen und geben Hoffnung.

Burg- und Bordküche

Noch eine mächtige Festungsanlage. Malerisch spiegelt sich die Marienburg in der glatten Wasseroberfläche der Nogat. Das warme Nachmittagslicht lässt die imposante rote Backsteinfassade strahlen. Durch die grob gepflasterten Innenhöfe und Wandelgänge schlendernd, begeben wir uns auf eine Zeitreise ins Mittelalter. Deckengewölbe spannen sich wie Palmen über den Besucher, scheinen die Schwerkraft aufzuheben. Palastartige Pracht, ganz selbstverständlich neben klösterlicher Strenge. Recht anschaulich die riesige Burgküche. Düster ist es hier unten, nur wenig Tageslicht dringt durch die Fensteröffnungen. Über der großen Feuerstelle hängen Schinken und Würste aus Kunststoff. Die Kochutensilien wirken alle grob und massiv. Leichte Arbeit war das Zubereiten der Speisen damals sicher nicht.

Die Marienburg war Sitz des Deutschen Ordens, der 1226 um Unterstützung im Kampf gegen die heidnischen Pruzzen gebeten wurde. In den Kreuzzügen gestählt, eroberten die Klosterbrüder schnell weite Gebiete. An der Nordflanke Polens entstand ein eigener Staat. Modern, effektiv, das halbe Baltikum umfassend. Nun waren wiederum polnische Interessen bedroht. Erst 1410, in der größten Schlacht des Mittelalters bei Grunwald in Masuren, konnte der Deutsche Orden durch das polnisch-litauische Heer geschlagen werden. Das war der Anfang vom Ende des

Ordensstaates.

„Was ist denn das?" Vor dem Kühlschrank in unserem Wohnmobil hat sich eine große Wasserlache ausgebreitet. „Oh, nein! Ich hab die Kühlschranktür nicht richtig zugemacht. Jetzt ist im Tiefkühlfach alles aufgetaut!" Bis spät in die Nacht stehe ich also am Herd und verarbeite die Lebensmittel. Peter ist nicht traurig darüber, dass er heute „Zwangsschnitzel" essen muss. Außerdem koche ich Gulasch, Hühnerfrikassee und Bigos. Den polnischen Eintopf gibt es morgen, der Rest wird wieder eingefroren. Für den Bigos brate ich zuerst Würfel von Schweinefleisch, dann Zwiebeln und Speck an. Aufgefüllt wird das Ganze mit Sauerkraut, Brühe, einer Dose Tomaten und einem geraspelten Apfel. Mit zwei Lorbeerblättern und etwas Kümmel gewürzt, wird das Gericht gedämpft bis alles schön weich und sämig ist. Eingeweichte Trockenpilze kommen eine halbe Stunde vor Ende der Kochzeit hinzu. Am Schluss wird mit viel süßem Paprika, Tomatenmark, etwas Honig und Schmand abgeschmeckt. Am liebsten würde ich jetzt noch einen Teller davon essen. Mein Blick fällt auf das kleine Rund meines Bäuchleins und mit einem bedauernden Seufzen stelle ich den Topf zum Abkühlen ins Fahrerhaus. Am Ende der Blitzaktion sieht es im Reisemobil ziemlich chaotisch aus. Töpfe, Schüsseln und Brettchen stapeln sich in der Duschwanne, wo ich sie bis zum Abwasch abgestellt habe. Der Platz ist begrenzt, man muss also improvisieren, aber man kann in der kleinen Bordküche genauso leckere Mahlzeiten zubereiten wie zu Hause. Früher kochten wir eigentlich nur am Wochenende. Die Woche über aßen wir in der Kantine und machten uns abends meist nur ein paar Brote und Salat. Obwohl ich immer gern in der Küche gezaubert habe, war ich mir nicht sicher, ob es mir auf Dauer gefallen würde. Viele Freundinnen hatten mich gewarnt: „Wenn man jeden Tag kochen muss, wird es schnell zu einer langweiligen Last." Bis jetzt macht es mir noch Spaß. Das liegt sicher auch daran, dass Peter aufgeschlossen alles probiert und, wenn ich mal gar keine Lust zum Kochen habe, auch mit einer großen Schüssel Tomatensalat und Thunfischbroten zufrieden ist.

Transit

Auf engen Nebenstraßen fahren wir an endlosen, abgeernteten Feldern entlang. Vorbei an alten Bauernhöfen und üppigen, manchmal parkähnlich angelegten Gärten. Herbstlicher Duft nach Laub begleitet uns. Wie feines Nervengeflecht durchziehen die Straßen die Landschaft und erfordern höchste Konzentration beim Navigieren. Der geplante Anfahrtsweg zum Campingplatz in Torun ist wegen zu geringer Durchfahrtshöhe für uns nicht passierbar. Also weichen wir auf die LKW-Transit-Strecke aus, einer schnurgeraden Schneise durch den Wald. Bordsteinschwalben säumen die stark befahrene Straße, auf einsamen Waldparkplätzen fernab vom nächsten Haus ausgesetzt. Dabei regnet es in Strömen. Marketing, jede betreibt es auf ihre Art. Eine knallrote Perücke. Netzstrümpfe. Strapse. Ein blinkendes Herz. Ein superkurzer Minirock, der ein nacktes, kräftiges Hinterteil präsentiert. Als ich mich beim Vorbeifahren umdrehe, um das Gesicht des Mädchens zu sehen, wendet es sich ab.

Von Straßen umgeben, aber zur Innenstadt nur wenige Gehminuten entfernt, liegt der Campingplatz sehr zentral. Torun ist eine Stadt mit wunderschönen Häusern und einem imposanten Marktplatz. Natürlich sind an solch attraktiven Plätzen viele Touristen unterwegs, erstaunlicherweise aber fast ausschließlich polnische Schulklassen. Bei uns entsteht der Eindruck, das Gros der Schüler in Polen müsse auf Klassenfahrt sein. Ob in den Bergen, am Strand, bei der Schlossbesichtigung oder beim Stadtrundgang – immer sind bereits mindesten zwei Schulklassen da. In Zweierreihen laufen sie diszipliniert hinter den Lehrern her, stellen Fragen, lauschen den Erklärungen und unterhalten sich leise. Und das in allen Altersgruppen. Wir haben weder kreischende Erstklässler noch spuckende oder gackernde Teenager erlebt. Torun ist für seine leckeren Lebkuchen bekannt. Aber auch die können unsere Stimmung nicht versüßen, denn es regnet seit Tagen und es ist saukalt.

Im malerischen Rydzyna stehen wir auf dem Parkplatz neben dem Schloss mit Blick in den Park. Sogar die Sonne lässt sich heute wieder einmal blicken. Unsere Stimmung steigt und für mich steht fest: Heute gehe ich zum Friseur. Mutig mache ich mich auf die Suche nach einer deutsch- oder englischsprechenden Friseuse. Vergeblich. Nach drei erfolglosen Versuchen, finde ich endlich eine junge Frau, die mit ihrem Lachen und ihrer Zeichensprache Vertrauen schafft. Engagiert schleppt sie Berge von Zeitschriften heran und so einigen wir uns mittels Bildern und Gesten auf einen Haarschnitt. Mit viel kürzeren Haaren, aber sehr zufrieden, verlasse ich beschwingt den topmodernen Salon.

Stil- und würdevolles Danzig

Entspannt und gutgelaunt bummeln wir durch die Gassen Danzigs. Unser Reisemobil steht auf einem ruhigen, bewachten Parkplatz ganz in der Nähe. Mit hanseatischem Charme präsentieren sich die imposanten Bürgerhäuser. Würdevoll erzählen sie von früherem Erfolg und Reichtum der Reeder und Kaufleute. Farbenfrohe Fassaden, reichverziert mit Figuren und Mustern. Verspielte Giebel, perfekte Proportionen, prächtige Freitreppen. Daneben die strenge Backsteingotik einiger Kirchen. Die Marienkirche, sie zählt zu den größten Gotteshäusern Europas, wurde von Günther Grass liebevoll „Backsteinhenne" tituliert. Danzig war zeitweise wichtigster Ostseehafen und eine der reichsten Städte Europas. Auf der Speicherinsel wurden die kostbaren Güter gelagert, die auf ihre Verschiffung warteten. Das Krantor ist eines der Wahrzeichen der Stadt. Bewegt wurde der Hafenkran durch Treträder im Innern, die durch Laufen von Häftlingen in Rotation gehalten wurden. Wie Hamster im Rad!

Der Stellplatz ist wirklich ideal. Da er so stadtnah ist, können wir, wenn wir müde und verschwitzt sind, unsere Besichtigungstour unterbrechen, um Kaffee zu kochen, etwas auszuruhen und zu duschen. Erfrischt machen wir uns dann wieder auf den Weg. Welch ein grandioser Ausblick von der Turmspitze des Rathauses! Von hier oben wirken die bunten

Häuser seltsam künstlich, wie eine Filmkulisse. Kaum vorstellbar, dass Danzig nach dem 2. Weltkrieg ein Trümmerhaufen war und nach alten Plänen und mit viel Phantasie wieder aufgebaut wurde. Eine schwierige Aufgabe, die erst 1975 abgeschlossen werden konnte. Ehemalige Bewohner sollen ausgerufen haben, die Stadt sei sogar schöner als vorher. Die hanseatische Ausstrahlung ist wohl so perfekt rekonstruiert, dass der Film „Buddenbrooks" hier und nicht am Originalschauplatz Lübeck gedreht wurde. Gut, dass jene Stimmen keine Mehrheit fanden, die die Errichtung einer modernen Metropole anstatt des Wiederaufbaus der historischen Altstadt forderten. Wie hätte sozialistische Modernität wohl ausgesehen? Wahrscheinlich funktional, kalt, hässlich. Gigantische Häuserzeilen und protzige Plätze.

Bis zum Abend flanieren wir über die Promenaden, essen hier ein Eis, trinken dort ein Bier und bewundern das Angebot an Bernstein. „Gold der Ostsee", „Tränen der Götter", „Versteinerte Tränen der vorüber eilenden Zeit", „Stein des Lebens und der Gesundheit". Nach einer stürmischen Nacht kann man ihn am Strand finden. Harz, das vor Millionen von Jahren von skandinavischen Bäumen tropfte. Heute zu Ketten, Broschen, Ringen, Schachfiguren oder Lampen verarbeitet. Mehr als tausend Kunsthandwerker sollen sich in Danzig mit ihm beschäftigen. Im Licht der späten Nachmittagssonne leuchten die goldenen, milchiggelben oder rotbraunen Steine so verführerisch, dass auch der standhafte Tourist nicht widerstehen kann. Und so kaufen wir ein paar

Mitbringsel, in der Hoffnung, dass sich Tochter und Patenkind darüber freuen werden.

Danzigs wechselvolle Geschichte: Bedeutende Hafenstadt der Hanse mit kosmopolitischer Lebensart. Dann Sieg über den Deutschen Orden und Stadtrepublik im Königreich Polen mit weitgehenden Freiheiten. Im Rahmen der Teilung Polens fällt Danzig unter preußische Herrschaft. Nach dem 1. Weltkrieg erhält die Stadt den Status eines Freistaates, dem Völkerbund unterstellt und mit enger Anbindung an die neue Republik Polen. Der wird im Versailler Vertrag der lang ersehnte Zugang zum Meer zugesprochen. Damit entsteht der sogenannte Polnische Korridor, der Pommern von Ostpreußen trennt. Im nur wenige Kilometer entfernten Gdynia errichtet Polen einen neuen, riesigen Hafen und Danzig verliert seine herausragende Bedeutung. Mit dem Angriff auf die Polnische Post und auf den polnischen Militärposten auf der Westerplatte beginnt der 2. Weltkrieg, an dessen Ende die Stadt völlig zerstört ist. Im sozialistischen Polen verschmelzen Danzig, Gdynia und Sopot zur Trojmiasto (Dreistadt). 1980 führt der Streik der Danziger Werftarbeiter zur Gründung der Gewerkschaft Solidarnosc und letztendlich zur „Wende". Gdynia wird wichtigster Marinestützpunkt der NATO im Ostseeraum.

Mit einem exzellenten Essen im Restaurant „Goldwasser" lassen wir den Besuch Danzigs ausklingen. Als Digestif gönnen wir uns natürlich ein Gläschen des berühmten Likörs, in dem 22-karätiges Gold flittert. Magische Wirkung sollen die jahrhundertealte Rezeptur und das Gold haben. Warten wir es ab.

Ich lebe!

Wir freuen uns auf ein paar Tage am Meer. Auf lange Strandspaziergänge und frische Seeluft. Es ist September und viele Campingplätze sind bereits geschlossen. Der Küste folgend, erkundschaften wir kleine Ortschaften oder Feriensiedlungen. Immer entlang der vom Küstenwind schräg gewachsenen Alleebäume. Nur langsam kommen wir auf den schmalen Straßen voran. Von der Küste Polens sind wir enttäuscht. Schon die Frische Nehrung weiter im Osten überraschte uns mit ihren hässlichen, touristisch überlaufenen Dörfern und dem bräunlichen Seewasser. Das hatten wir uns völlig anders vorgestellt. Auf der Halbinsel Hel präsentiert sich zwar ein traumhafter Strand und zumindest optisch sauberes Wasser, aber auch hier sind die Städtchen alles andere als idyllisch. Tagelang sehen wir nichts als hässliche, marode Erholungsheime aus sozialistischen Zeiten und Holzbuden. Wir machen das Beste daraus und übernachten auf einsamen Waldparkplätzen sowie in Yacht- oder Fischereihäfen. Häufig schauen wir den Fischern zu, wie sie ihre Netze reinigen und ihren sparsamen Fang in bunte Plastikkisten sortieren. Möwen warten geduldig auf ihren Anteil, um sich dann gierig und heftig streitend auf die Leckerbissen zu stürzen. Einige marode Fischerboote liegen am Kai. Sie haben längst den Kampf gegen Rost und Fäule verloren. Über Holzgestellen trocknen Fischernetze. Bündel von Stangen mit bunten Fähnchen zur

Befestigung und Markierung der Netze geben dem trostlosen Anblick etwas Farbe. Über allem schwebt ein penetranter Geruch.

Endlich finden wir in Leba einen noch offenen Campingplatz. In seiner Akkuratesse strahlt er eine traurige Leblosigkeit aus. Auch in Leba pflastern Holzbuden mit Andenken, Fritten und gebratenem Fisch die Straßen. In der Hochsaison muss die Stadt touristisch völlig überlaufen sein. Wieder mal sind wir froh über unsere Entscheidung, die Küste erst im September zu bereisen. Größter Vorteil dieses Standortes ist aber die Nähe zum Nationalpark Slowinski, mit seiner einzigartigen Dünenlandschaft. Bis zu fünfzig Meter sind die Sandwälle hoch und können bis zu neun Meter im Jahr landeinwärts wandern. „Polnische Sahara" wird das Gebiet genannt. In Bildbänden haben wir wunderschöne Aufnahmen gesehen. Erwartungsvoll machen wir uns daher am späten Nachmittag mit der Fotoausrüstung auf den Weg. Schon von weitem hören wir Teenager kreischen und johlen. Ganz oben auf der Düne albern sie herum und – wir können es kaum fassen – lassen Plastikflaschen und Chipstüten im Sand liegen. Wir gehen weiter, in der Hoffnung, abseits der Touristenpfade auf die ersehnten Fotomotive zu treffen. Aber überall waren bereits Menschen, haben Müll und Fußstapfen im Sand hinterlassen. So kehren wir ohne die erträumten Aufnahmen von scharfen Abrisskanten im goldenen Abendlicht und Wellenstrukturen im Sand zurück. Frustriert beschließen wir, es ganz früh am nächsten Morgen nochmals zu versuchen. In der Nacht kommt kräftiger Wind auf. Wir freuen uns, denn er wird interessante Muster in den Sand malen. Leider treibt der Wind auch Regenwolken vor sich her und uns weg von dieser enttäuschenden „Location".

Bei herbstlich wechselhaftem Wetter am menschenleeren Strand. Eben noch sonnig und warm, fegen nun kalte Windböen über den Sand, die hinter jedem Kiesel winzige Dünen entstehen lassen. Leichter Nieselregen. Dramatisches Licht. Das Meer färbt sich dunkelgrün. Bedrohliche Wolken. Lila. Ihre Ränder von der Sonne hell erleuchtet. Wie Blitze. Hier und da Regenbogentupfen am Himmel. Ich stapfe durch den Sand. Glücklich. Der Wind pustet Kopf und Seele frei. Trippelnd begleitet mich ein Strandläufer ein Stück des Weges. Bogenmuster im Sand vom Schaum der Wellen. Federn, Äste, Muscheln und Steine zu einer zufälligen Collage an Land gespült. Der Regen ist stärker geworden, peitscht mir ins Gesicht. Dazu das laute Rauschen von Wind und Wellen. Ich lebe!

Zähne zusammen beißen!

„Wenn Du mal Kronen oder Implantate brauchst, lass sie Dir in Polen machen. Dort sind sie sehr preiswert." Solchen Empfehlungen stehe ich grundsätzlich skeptisch gegenüber. Als ich dann aber von meiner Krankenkasse erfahre, dass sie sogar mit einer Zahnklinik in Stettin zusammen arbeitet, entscheide ich mich für einen Versuch. Schließlich kann unser Reisebudget jede Einsparung gut gebrauchen. Mit gemischten Gefühlen fahren wir morgens mit dem Roller vom Stellplatz etwas außerhalb Stettins zur Zahnarztpraxis. Wird die Verständigung funktionieren? Hoffentlich entspricht der medizinische Standard dem deutschen. Was soll werden, wenn die Kronen nicht passen? Wir wollen schließlich nicht Wochen in dem wenig attraktiven Stettin bleiben. Peter tröstet mich: „Wenn dir irgendetwas missfällt, scheue dich nicht, aufzustehen und zu gehen! Ich bleibe in der Nähe, so daß ich dich jederzeit abholen kann." Der erste Eindruck bei der Ankunft ist schon mal beruhigend positiv. Durch einen harmonisch angelegten Garten kommen wir zu einem modernen Gebäude. Am sehr geschmackvoll gestalteten Empfang begrüßt uns eine junge Dame in gutem Deutsch. Auf dem Tresen steht ein Ständer mit den Visitenkarten der Zahnärzte. Es sind 11 Spezialisten, alle weiblich und alle mit Doktortitel. Ich muß noch zwanzig Minuten warten, dann werde ich ins Behandlungszimmer gerufen. Hier stehen die modernsten Geräte.

Möbel, Wände, Bodenbelag, Rollos – alles ist farblich aufeinander abgestimmt. Eine kleine, sympathische Frau stellt sich in gebrochenem Deutsch als meine behandelnde Ärztin vor. Im folgenden Beratungs- und Diagnosegespräch übersetzt die schon bekannte Dame vom Empfang. Alles macht einen sehr professionellen Eindruck und so beschließe ich, die Behandlung zu wagen. Spritze, Zähne abschleifen, Abdrücke und Provisorium anfertigen – die Prozedur ist genauso unangenehm wie in Deutschland. Für die Behandlung reichen die Sprachkenntnisse der Ärztin aus: „Spülen bitte." „Tut es weh?" „Wirkt die Spritze schon?" „Bitte Mund weit öffnen." Nach vier Stunden kann ich endlich gehen. Am übernächsten Tag sollen die Kronen fertig sein und können angepasst werden. Unglaublich! In Deutschland muß man Wochen darauf warten.

Der nächste Tag ist also zahnarztfrei und so beschließen wir, Stettin zu besichtigen. Die Stadt ist nicht mit Breslau, Krakau oder Warschau vergleichbar und bietet nur wenige schöne Ecken. Außerdem regnet es immer wieder. Wir trösten uns mit einem guten Mittagessen und machen uns auf den Heimweg. Vergnügt sitze ich hinten auf dem Roller, der Regen macht mir gar nichts aus. Im Gegenteil, ein euphorisches Gefühl der Freiheit überkommt mich. In Gedanken male ich mir schon aus, wie wir gleich das Wohnmobil tüchtig aufheizen, eine warme Jogginghose anziehen und uns gemütlich bei einer heißen Schokolade aufwärmen. Aber daraus wird nichts. In

Sekundenbruchteilen kommt der Roller auf einer Kreuzung – vermutlich auf einer Ölspur – mit dem Hinterrad ins Rutschen und wir liegen auf der Straße. Ich denke nur noch: „Hoffentlich bremsen die Autos hinter uns rechtzeitig!" Dann fährt ein starker Schmerz in meinen Po und Rücken. Später erzählt mir Peter, wie die Fahrzeuge um uns herum gefahren und die Leute zusammen gelaufen sind. Ich kriege davon nichts mit. Das einzige was ich wahrnehme, ist dieser starke Schmerz. Peter steht schon wieder auf den Beinen und will mir helfen aufzustehen. Es geht nicht. „Verdammt, tut das weh!" Eine ganze Weile bleibe ich auf dem Asphalt liegen, bis ich mich endlich aufrappeln kann. Die Zähne zusammen beißend, humple ich auf den Bürgersteig. Ausgerechnet heute habe ich die Stiefeletten mit Absatz an. Jeder Atemzug tut weh. Wahrscheinlich sind die Rippen geprellt. Peter behauptet, ihm ginge es gut und ruft für mich ein Taxi. Er selbst fährt mit dem Roller im strömenden Regen hinterher. An irgendeiner Kreuzung verlieren wir ihn, er ist nicht mehr hinter uns. Erst jetzt fällt mir ein, daß Peter manchmal Verletzungen anfänglich gar nicht bemerkt. Ich mache mir Vorwürfe und Sorgen. Vielleicht braucht er Hilfe. Erreichbar ist er auch nicht, denn sein Handy hat er im Wohnmobil vergessen. Mitfühlend hilft mir der Taxifahrer aus dem Fahrzeug und begleitet mich noch bis zum Camper. Um die drei Stufen zu erobern, brauche ich 5 Minuten. Unter Mühen ziehe ich die nassen Sachen aus. Auch das dauert eine kleine Ewigkeit. Besorgt schaue ich auf die Uhr. Peter müsste doch längst da sein. Endlich, nach einer knappen Stunde höre ich das Knattern des Rollers. Abends beschauen wir unsere Wunden. Peter hat einen geschwollenen Knöchel und zwei Schürfwunden, ich habe einen riesigen blauen Fleck am Hintern. Obwohl ich kaum sitzen kann, nehme ich die für die nächsten Tage geplanten Zahnarzttermine wahr. Eine Tortour. Mit dem Ergebnis der Behandlung bin ich sehr zufrieden. Der Schmerz im Rücken wird mich allerdings noch fast ein ganzes Jahr begleiten.

Ein guter polnischer Geist

Dann passiert einige Tage später wieder etwas, was zunächst wie ein großes Problem aussieht, sich dann aber als eine sehr beglückende Erfahrung erweist. Kurz vor Polczyn-Zdroj, einem kleinen Städtchen in Westpommern, leuchtet an unserem MAN die Kühlwasserlampe auf. Also, rein in den Ort, einen Parkplatz suchen und unters Auto schauen. Der Defekt ist schnell entdeckt: In der Nähe des Kühlers ist ein Kühlwasserrohr durchgerostet und die Kühlflüssigkeit fast völlig ausgelaufen. „Damit können wir keinen Meter mehr fahren", meint Peter und sieht besorgt aus. Es ist nämlich Samstagnachmittag und alle relevanten Geschäfte sind bereits geschlossen. „Dort hinten ist eine Tankstelle, vielleicht wissen die Rat", ruft er mir zu und ist schon verschwunden. Auf dem Hof stehen drei große, polnische Trucks. Davor diskutieren zwei Männer angeregt. Peter geht auf die Beiden zu und fragt, ob sie deutsch oder englisch sprechen. Verständnisloses Kopfschütteln und Schulterzucken. „Truckservice?" Nun ist das Interesse des Einen geweckt und er macht Peter mit Gesten klar, er solle ihm das Problem doch mal zeigen. Wenig später liegt der hilfsbereite Trucker unter unserem Fahrzeug und redet auf Peter ein. Der schaut ziemlich ratlos. Schließlich greift der Mann zum Handy. Nach ein paar Minuten kommt ein junger Bursche in ziemlich dreckigem Overall vorbei. Auch er inspiziert den Schaden. Während man das Problem eingehend diskutiert und vermutlich verschiedene Lösungsansätze bespricht, gesellen sich noch zwei weitere Mechaniker dazu. Nun liegen sie zu Viert unter unserem Reisemobil und unterhalten sich sehr angeregt. Langsam werden wir misstrauisch. Wollen sie uns nur ablenken, um unser Rolling Home in eine Ersatzteilbasis für polnische Trucks zu verwandeln? Immer wieder kommen Leute, schauen sich das Malheur an, diskutieren kräftig mit und verabschieden sich dann wieder. „Jetzt schnell einen Bratwurststand aufbauen - das wäre sicherlich ein gutes Geschäft", scherzt Peter. Werkzeug und Dichtungsmaterial wird herbei geschleppt. Nach mehreren vergeblichen Versuchen, das Rohr durch verkleben mit Spezialzement dicht zu bekommen, schlägt der Trucker vor, bis Montag zu warten und dann dem Problem mit ordentlichem Schweißgerät zu Leibe zu rücken. Wir stimmen dem gezwungenermaßen zu. Mittlerweile ist es neun Uhr abends!

Am nächsten Nachmittag steht plötzlich der freundliche Helfer, er heißt Mariusz, vor unserer Tür und lädt uns zum Kaffee zu sich nach Hause ein. Dort lernen wir seine Frau und seine beiden Töchter kennen. Die ältere spricht ein wenig englisch und versucht sich als Dolmetscherin. Die Wohnverhältnisse der Familie sind sehr bescheiden, obwohl sie sich stolz zum privilegierten Mittelstand zählt. Mariusz ist selbstständiger Spediteur und besitzt sechs schwere Trucks. Die Tochter erzählt uns von ihren schlechten

Erfahrungen mit Deutschen bei einem Besuch in Berlin. Unter anderem wurde sie von deutschen Kindern angespuckt, als diese hörten, dass sie Polin ist. Es tut uns weh, so etwas zu hören und wir schämen uns für unsere Landsleute. Nach dem Kaffee macht die Familie mit uns eine ausgiebige Besichtigungstour rund um das Städtchen. Es regnet in Strömen. Mariusz ignoriert unsere Proteste und lädt uns dann auch noch in eine Pizzeria ein. Nur zu einem Gläschen Grappa in unserem Reisemobil als kleine Gegenleistung lässt sich das Ehepaar schließlich überreden.

Montagmorgen, wie verabredet um Punkt acht Uhr, ist der Monteur zur Stelle, baut ruckzuck die defekte Kühlwasserleitung aus und verschwindet damit. Eine halbe Stunde später kommt er strahlend zurück, montiert das sauber geschweißte Teil, füllt 10 Liter Glysantine und die gleiche Menge Wasser ein. Peter muss dem jungen Mann das Trinkgeld fast aufzwingen und auch die Kosten für das Frostschutzmittel dürfen wir Mariusz erst nach langen Diskussionen erstatten. Schließlich verabschieden wir uns mit großer Rührung von diesen hilfsbereiten Menschen. Man mag sich gar nicht vorstellen, wie die Begegnung mit umgekehrten Vorzeichen verlaufen wäre: Ein polnisches Ehepaar bleibt in Deutschland mit einer Panne liegen ….

„Wir haben Zeit!"

Mit einer Flasche Sekt sitzen wir am Strand von Swinemünde und feiern Abschied von Polen. Es hat uns gut hier gefallen. Eine Reise voller Glücksmomente, Betroffenheit und Staunen. In eine Welt von gestern, die nicht mehr allzu lange gestrig bleiben wird. Polen hat viele Gesichter. Grandiose, vielseitige Landschaften, faszinierende Kulturdenkmäler, aufgeschlossene Menschen, tiefe Religiosität, Armut, Alkoholismus, Big Business. Immer wieder zoomt die Kamera neue Einstellungen heran.

Eine der glücklichsten Erfahrungen dieser ersten 180 Tage unseres Ausstieges war, Zeit zu haben. Ja, wir haben jetzt Zeit! Das vergessen wir manchmal noch. Unser früheres Leben bestand aus einem Gerüst aus Verpflichtungen und Terminen. Geschäftlichen und Privaten. Alles war perfekt organisiert. Anders hätten wir das Arbeitspensum auch nicht bewältigen können. Nun diktieren nicht mehr komplexe Vorgänge unseren Tagesablauf, sondern sehr bodenständige Fakten. Der Speisezettel wird von dem bestimmt, was es gerade gibt. Gewaschen wird, wenn das Wetter mitspielt. Wo können wir das Abwasser entsorgen? Haben wir noch genügend Frischwasser? Der Strom wird knapp! Wo ist das nächste Internet-Café? Wir sind dabei meistens entspannt, merken wir doch, diesen Zwängen unterwerfen wir uns leichter. Wir haben Zeit! Zeit, um alles in Ruhe anzugehen.

Zeit, um Freude zuzulassen und hereinzulassen. So kann es weitergehen!

Willkommen in Deutschland

Deutschland! Wir merken gleich, dass wir wieder in heimischen Gefilden sind: Gute Straßen, Schilderwälder, große Einkaufszentren auf dem flachen Land, unfreundliche Verkäuferinnen, Besserwisser und jede Menge Verbote. Ein Badesee in der Uckermark. Gut gerüstet für den wohl regen Sommerbetrieb. Ein großer Parkplatz, Bänke, Grillroste. In vier Kilometer Entfernung ein 13-Seelen-Dorf. Einsam liegt der Teich hinter einem Wäldchen, am Ende eines Schotterweges. Müde kommen wir dort an, froh, einen ruhigen Platz gefunden zu haben. Ganz früh am nächsten Morgen soll es weitergehen, zu Hajo und Angelika in die Nähe von Hildesheim. Das Übernachten auf dem Parkplatz ist für Wohnmobile verboten, klärt uns ein Schild auf. Verständlich, sonst wäre zu befürchten, dass im Sommer so mancher Camper hier seinen Jahresurlaub verbringt. Nun aber ist Anfang Oktober. Nebel liegt über dem Wasser. Es nieselt. „Warte, ich hole noch schnell unsere Handschuhe. Es ist doch ganz schön kalt geworden", rufe ich nach draußen, wo Peter schon wartet. Trotz des herbstlichen Wetters genießen wir den kleinen Spaziergang rund um den See. Den modrigen Geruch, das Rascheln unserer Schritte im Laub und das Krächzen der Krähen. Durch den Nebel gedämpft, scheint es von weit her zu kommen.

„Hat es eben geklopft?" Ich schaue Peter fragend an.

Wir haben zu Abend gegessen und sitzen gerade gemütlich bei einer Tasse Tee. Peter macht das Licht aus und öffnet vorsichtig die Tür. „Guten Abend", grüßt ein Herr in Jägerkleidung. „Haben Sie das Schild nicht gesehen? Hier dürfen Sie nicht über Nacht stehen!" „Doch, das hab´ ich gesehen", erwidert Peter, „aber wir dachten, jetzt im Oktober ist doch nichts los, und wir stören ja auch keinen. Außerdem bleiben wir nur bis morgen früh. Wir sind heute lange gefahren und hundemüde." „Das tut mir leid für sie, aber hier können Sie trotzdem nicht bleiben." „Es ist aber schon 9.00 Uhr und stockdunkel. Wo sollen wir denn so spät noch einen Platz finden?" gibt Peter zu bedenken. „Tja, das hätten Sie sich früher überlegen müssen." Jetzt wird Peter sauer. „Nennen Sie mir mal einen vernünftigen Grund, warum wir hier nicht übernachten dürfen?" „Ich brauche Ihnen keinen Grund zu nennen, es ist verboten. Wir mussten strenge Reglementierungen einführen, weil viele Camper einfach ihren Müll hinterlassen." „Was ist denn das für eine Logik?" schimpft Peter. „Wenn ich so ein Dreckfink wäre, könnte ich den Müll ja auch tagsüber entsorgen, dann ist das Parken hier ja erlaubt! „Diskutieren Sie nicht rum, fahren Sie weg!" „Nein, das tue ich nicht. Weil das völliger Schwachsinn und Schikane ist!" „Ja, dann bleibt mir nichts anderes übrig, als Ihr Autokennzeichen aufzuschreiben. Sie müssen mit einem Strafzettel rechnen." „Tun Sie, was Sie nicht lassen können!", sagt Peter und schlägt dem Mann die Tür vor der Nase zu. Einen Bußgeldbescheid haben wir nie bekommen, aber das Ereignis hat sich tief in unser Gedächtnis gegraben. Monate waren wir in Polen unterwegs, ohne ein einziges negatives Erlebnis zu verzeichnen. Zurück in Deutschland treffen wir schon am ersten Tag auf diesen Typ Mensch, der seine Machtgier hinter Gesetzen versteckt, der keine Verhältnismäßigkeit, keine Großzügigkeit kennt.

Wechselbad der Gefühle

„Es hat fantastisch geschmeckt." Zufrieden reibt sich Peter den Bauch. Mit einem Mehrgangmenü hat uns Angelika verwöhnt. Nun sitzen wir im gemütlichen Wohnzimmer, tauschen Reiseerlebnisse aus und spielen mit Freddy, dem verrückten Hund. Es ist schon ziemlich spät, als wir uns endlich in das Gästezimmer zurückziehen. Eigentlich wäre es ja für alle Beteiligten einfacher, wir würden im Reisemobil übernachten, aber ich konnte nicht nein sagen, als ich das liebevoll eingerichtete Zimmer sah. Weißblau, englisch-blumig. Später bereue ich meine Entscheidung. Unruhig wälze ich mich hin und her. „Kannst du auch nicht schlafen?" fragt Peter. „Nein! Ich glaube, mir fehlt mein schwankendes Reisemobilbett. Ich hab mich richtig daran gewöhnt." Ich rutsche zu ihm rüber, schlinge meine Beine um seine. Das hilft, wir schlafen wieder ein. Opulentes Frühstück am nächsten Morgen. Danach geht es zum Schuhmuseum von Alfeld. Ungewöhnliche Einblicke in die Schuhproduktion und eine interessante Industriearchitektur. Witzig: Dort sind die ausgetretenen Pumps unserer Bundeskanzlerin zu bewundern. Man sieht Angela förmlich vor sich, wie sie darin energischen Schrittes von Meeting zu Meeting hetzt.

Wir sitzen gerade bei einer Tasse Kaffee, als uns am späten Nachmittag der aufgeregte Anruf unserer Mieter erreicht: Die Heizung funktioniert nicht. Sofort machen wir uns auf den Weg. Es ist schon fast dunkel, als wir vor unserem Haus ankommen. Peter sieht sich um. „Na, den Garten scheinen sie ja ganz gut gepflegt zu haben." Als wir die Treppe nach oben gehen, flüstere ich ihm zu: „Ich bin neugierig, wie unser Haus jetzt eingerichtet ist. Außerdem bin ich auf meine Gefühle gespannt. Wird Wehmut aufkommen?" Das Paar steht schon an der Tür und begrüßt uns herzlich. Sie, etwa 40 Jahre alt, sehr schlank, burschikos, modisch extravagant, vielleicht eine Spur schnippisch. Er, ein jungenhafter Typ, dem man seine 50 Jahre nicht ansieht. Sehr selbstsicher. Erfolgsgewohnt, das merkt man. Beide im Job sehr engagiert. Wir werden zu einem Glas Sekt eingeladen und über unsere Reise befragt. „Schön haben Sie alles gestaltet", nicke ich der Mieterin zu. Antike und moderne Möbel sind gekonnt kombiniert. Stehlampen und unzählige Kerzen tauchen alles in romantisches Licht. Toskanisches Flair oder das Ambiente einer spanischen Hazienda. Ohne Bedauern nehme ich die Ausstrahlung der Räume wahr. Schön ist es hier. Trotzdem lebe ich momentan lieber im Reisemobil. Peter schaut nach der Heizungsanlage, kann aber keinen Defekt feststellen. „Es ist schon seltsam", meint die junge Frau, „im Schlafzimmer wurde es so heiß, dass wir die Absperrventile schließen mussten und in den anderen Räumen wird es nicht mehr richtig warm." Wir sind etwas ratlos, denn bei uns hat die Heizung immer einwandfrei funktioniert. Peter erläutert nochmals die Besonderheiten und rät zur strikten Einhaltung der bei Einzug schriftlich überlassenen Tipps. „Wird schon klappen", beschwichtigt der Mieter, „vielleicht liegt es ja auch an den starken Temperaturschwankungen. Tagsüber ist es noch richtig warm und nachts schon empfindlich kühl." Dann öffnet er eine zweite Flasche Sekt. Schließlich trennen wir uns in freundlicher Stimmung.

Die nächsten Wochen sind ausgefüllt mit Besuchen und Terminen. „Vielleicht nehmen wir uns zu wichtig", sinniere ich niedergeschlagen, nachdem wir gerade von einem Essen mit Bekannten zurück gekommen sind. „Wie meinst du das?", fragt Peter nach. „Na, ja, für uns waren die letzten Monate etwas ganz Besonderes. Voller Eindrücke kehren wir zurück, freuen uns, dass alles gut geklappt hat. Sind natürlich auch stolz, dass wir den Schritt überhaupt gewagt haben. Für andere Menschen aber sind unsere Erlebnisse nur Episoden, die sie, wenn überhaupt, nur kurz wahrnehmen. Lediglich bei den engsten Freunden spürt man wirkliches Interesse und Anteilnahme." „Stimmt!", ruft Peter aus. „Wo bleiben Neugier und Begeisterungsfähigkeit dieser Menschen?" „Betrachten wir es nüchtern", werfe ich ein. „Der Tourismus entwickelt sich inflationär. Immer öfter, weiter, abenteuerlicher, teurer. Wer hört da dem Anderen noch zu, wo er doch selbst so viel zu erzählen hat?" Auf der Strecke bleibt der Gedankenaustausch. Und die Chance zur freundschaftlichen Nähe ist vertan. Schade!

SMS unserer Mieterin: Die Heizung funktioniert immer noch nicht. Diesmal empfängt sie uns allein und ziemlich kühl. Sie entschuldigt ihren Mann, er sei auf Geschäftsreise. Eindringlich schildert sie die Situation und zieht dabei immer wieder spöttisch die rechte Augenbraue hoch. Vor allem im Bad würde es überhaupt nicht mehr warm. Sie habe schon die Vorlauftemperatur erhöht und die Programmierung angepasst, aber es hätte sich keine Verbesserung ergeben. Skeptisch fragt Peter, ob sie sich denn mit Heizungsanlagen auskenne. „Nein, aber das rafft doch jeder halbwegs intelligente Mensch!" Als Peter um den Ordner mit den Installationsunterlagen und der Gebrauchsanweisung bittet, meint sie süffisant: „Lesen kann ich selbst! Ich dachte, sie kennen ihre Heizung!" Erneuter Check, wieder ohne Resultat. Wir sind ratlos. Als wir hier lebten, war es immer gemütlich warm. Zu warm, wie Gäste manchmal klagten. Warum klappt das jetzt nicht mehr? Wir vereinbaren, dass wir den Heizungsmonteur vorbeischicken werden. Der Abschied fällt heute recht distanziert aus. „Seit wir wieder in Deutschland sind, gibt es nur Ärger", schimpfe ich missmutig. Wir stellen übereinstimmend fest, dass sich unsere Befürchtungen bestätigt zeigen: Besitz verhindert wirkliche Freiheit. „Sobald sich die Immobilienpreise erholt haben, sollten wir das Haus verkaufen", meint Peter. „Das wollte ich auch gerade vorschlagen. Da sind wir ja mal wieder einer Meinung." „In großen Dingen doch immer", zwinkert Peter mir zu.

Raureif liegt auf den Bäumen. Es ist zehn Uhr und wir stapfen durch den Taunus. „Ich brauche Bewegung und frische Luft. Der Ärger mit den Mietern und die vielen Termine! Ich bin schon ganz nervös!", klagte Peter heute früh. Wir haben einen Terminmarathon hinter uns. Besuche, Arzttermine, Einkäufe, Werkstatt, TÜV. Gierig haben wir uns nach der monatelangen Abstinenz ins Theater, Kabarett und Kino gestürzt. Jetzt sind wir satt und es wird Zeit, weiterzuziehen. Süditalien und Sizilien sind unsere Ziele für den Winter. Gedankenverloren gehen wir nebeneinander her. Ich ziehe den Schal über den Mund. „Mensch Meier, ist das kalt!" „Ob die Heizung jetzt geht?" murmelt Peter. „Gemeldet hat sich ja keiner mehr." Plötzlich bleibt er stehen. „Jetzt weiß ich, warum es im Bad nicht mehr warm wird. Die haben bestimmt beide Absperrventile im Schlafzimmer geschlossen. Aber das rechte ist nur für das Bad!" Schnell greift er zum Handy. Leider meldet sich nur die Mailbox. Peter spricht auf Band und bittet um Rückruf. Er strahlt mich an: „Für was so ein Spaziergang doch manchmal gut ist. Man kriegt den Kopf frei und die Lösung fliegt einem zu." Erst jetzt wird uns bewusst, wie sehr uns die Sache mit den Mietern auf der Seele brannte.

Erleichterung verwandelt sich in Leichtigkeit. Schon früh am nächsten Tag sind wir unterwegs in Richtung Sizilien.